やめたいのに
やめられない
悪い
習慣
をやめる技術

進化のメカニズムに従って
悪い習慣の条件反射を抑える

フォレスト出版

はじめに

皆さんには、やめなくてはいけないと思っているのにやめられない「癖」はありませんか？　または、やらなくてはいけないことを、つい後回しにしてしまうといった「習慣」に悩むことはありませんか？　あるいは理由もないのに嫌わずにはいられない相手がいたりしませんか？　思い当たる人は、その原因は自分の「意志の弱さ」だと考えているかもしれません。でも、実は「癖」や「習慣」がやめられないのは「意志が弱い」からではありません。この本は、皆さんが「ハマっ」てしまった「癖」や「習慣」の正体を知り、それらから解放される道筋が見えることを願いながら書かせていただきました。

私はストーカー対策の活動でストーカーのカウンセリングとセラピーをしてき

ました。それなりに効果はあったのですが、最後に突き当たった壁は、ストーキングを「やめると決めても、やめられない」ストーカーがいたことでした。彼らは被害者（関係のあった相手）を喪失したことで、薬物の禁断症状に似た苦しみを抱えていました。そんなとき、本書の監修者でもある国立病院機構下総《しもふさ》精神医療センターの平井愼二医師より「条件反射制御法」の存在を知らされ、藁《わら》にもすがる思いで治療をお願いしたところ、殺意を固めているような重症のストーカーも含めて、ほとんどが被害者に対する捉《とら》われから解放されたのです。

「条件反射制御法」は平井愼二医師が開発した治療法ですが、一言で言えば、望まない「癖」や「習慣」をやめるための技法です。**研修を受ければ医師でなくても他者にも自分にも施すことができます。**もともとは薬物などの物質使用障害（過剰な摂取反復）のために開発された技法でしたが、病院では薬物以外に病的窃盗、病的賭博《とばく》、性嗜好障害（いわゆる痴漢や覗きなど）、ＰＴＳＤ（心的外傷後ストレス障害）

の疾患にも高い効果を発揮しています。私自身やってみたら、10代の頃から抱え続けていた「あがり症」と「対人恐怖」を治すことができました。

以来、ストーカーはもちろんのこと、対人関係で悩む人、過去の思い出に苦しむ人、すぐキレるなどの「癖」や「習慣」で自《じ》縄《じょう》自《じ》縛《ばく》になり人生を苦しいものにしている人がいれば、この技法を施してきました。その効果はカウンセリングやセラピーとは異なる次元のものです。

今回、本書を通じて、この技法をお伝えできることを嬉しく思います。

小早川明子

目次

第1章

脳は「ハマり」やすくできている

「ハマっ」てしまうのは仕方ない

初めて「それ」をしたとき、ドキッとした、安心した、快感だった、得した感じがした、好きになった、などの感覚が起き、そしてもう一度「それ」をした。二度が三度、三度が四度、と繰り返すうちに、ついに「それ」に「ハマっ」た人は少なくないのではないでしょうか。「ハマる」とは、コトやモノや人に関心が固着してしまうこと、繰り返してしまうこと、やめられなくなることを言います。恋に落ちると言いますが、それは特定の相手に「ハマる」ことだと言えます。

哲学者のカントは、毎晩、毛布を頭から肩にかけ、ミノムシのようになって寝るという「習慣」があったそうです。彼にとっては、それは無上に気持ち良いことだったようです。これはストレスを緩和する健全な「退行現象」だと思われますが、彼は一日の時間割も厳密に決め、食事内容も不変（朝は紅茶二杯とタバコ一服。昼はワインとスープ、黒パン、固形バター、チーズ、魚、夏には果物。夕食はナシ）でした（『知的生活の方法』渡部昇一、講談社現代新書）。カントは最善と思われる生活習慣を自らで作り、自らに課し、「ハマっ」た人だと言えるのではないでしょうか。

会社から帰宅して酒をほどよく飲みながらテレビを見る「習慣」を持つ人も、カントと同じように健全な「退行現象」にハマっているということです。起床時間に目覚ましがなくてもパッと目が覚めるといったこともそうですが、罪がないどころか、ストレスを回避し、日常を支え、成長に資する「習慣」や「癖」をやめる必要はありません。ただ、それが行きすぎて深酒になったりすれば「悪癖」になります。

不快で痛みを伴い、人に迷惑をかける不健康なことに「ハマっ」てしまった場合は大変です。爪を噛《か》む、ヘビースモーキング、飲みすぎ、過食、他者の目が気になる、嫌いな相手と離れられない、好きな相手と離れられない、他者にノーが言えない、あがる、心配性、自己憐憫《れんびん》、痴漢、盗撮、すぐキレる（暴力）、悪口、虚言、うっかりミス、遅刻などの悪癖を手軽に治せたらどんなに良いでしょう。

ところで、このような「ハマり」は人間だけの現象でしょうか？　いいえ、動物こそ「ハマり」の本家本元です。皆さんは「パヴロフの犬」の話をご存じでしょう。ロシアのパヴロフ（1849〜1936年）という医学・生理学者が実験で発見した生理現象で、餌《えさ》の時間に必ずベルを鳴らすと、餌が出なくてもベルが鳴れば犬は涎《よだれ》を出すという現象です。この実験により、パヴロフは、動物と人間の神経活動に法則＝行動原理があることを発見しました。「信号系学説」とも「条件反射学説」とも呼ばれる学説です。「条件反射」とは、無意識的に、ある刺激に対して定まった「反応」が起きることです。これが「ハマり」の原理です。脳はもともと「ハマり」やすくできているということをパヴロフは私たちに教えてくれたのです。

人間の脳には「動物的な脳」と「人間的な脳」の二種類がある

パヴロフは人間の脳には司令塔たる二つの中枢神経系があると説明します。それは、「無意識的」な神経系と「意識的」な神経系です。前者を「第一信号系」、後者を「第二信号系」と呼びます。

「第一信号系」は、人間だけでなく動物全体にも備わっている、いわゆる「動物的な脳」で、環境から入力された「刺激」に対して、定まった中枢作用が働き、環境に「反応」を出力するという脳です。「刺激」と中枢作用と「反応」が「反射」を構成します。ある「反射」に対して「刺激」が入り、「反応」が出て、そ

図1　中枢作用における刺激から行動への流れ

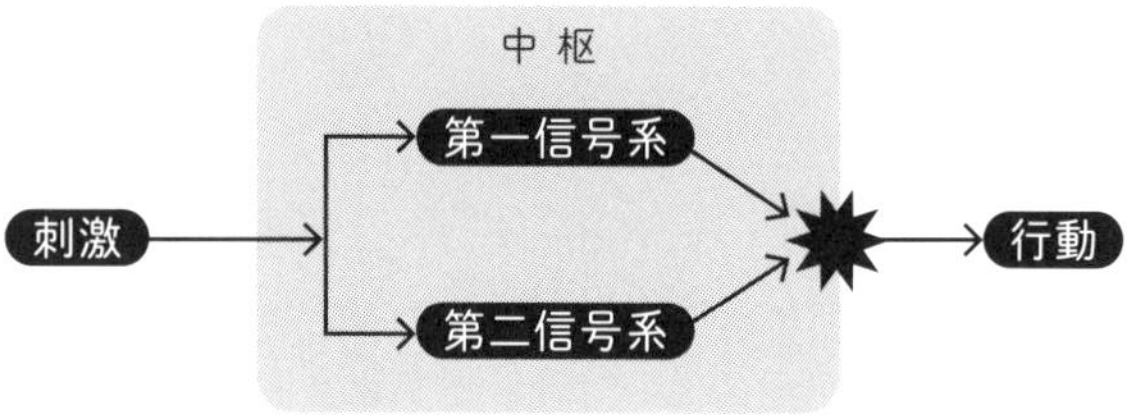

の「反応」が新たな「反射」の「刺激」になって入り、「反応」が出て、と次々に「無意識的」に「反射」が連鎖するという「反射連鎖」により、行動をコントロールするシステムです。

「第一信号系」は、「防御」「摂食」「生殖」という生存を支えてきたシステムで、**それらに成功した行動が同じように再現されるようにします**。また、失敗した行動は再現しないようにして、徐々に変化しながら、環境に適応します。

「第二信号系」は、数百万年前に一

図2　第一信号系の反射連鎖の成立および第二信号系との関係

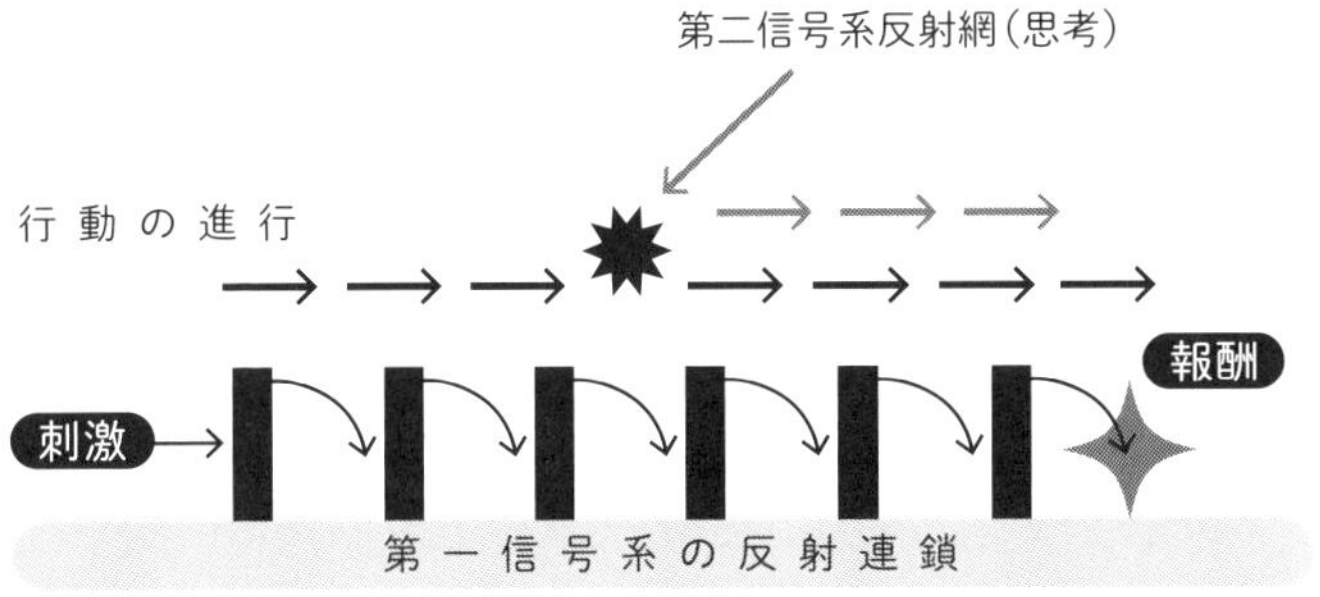

部の動物が起立歩行をするようになり、手を使って作業を行い、**失敗を重ね、成功に至るという作業を繰り返したことにより生じ発達した、「意識的」なコントロールシステム**です。思考し、評価し、判断し、計画し、予測し、決断し、実行することを可能にする、人間だけが持つ「人間的な脳」です。

　人間が行動するときは、この二つのコントロールシステムがお互いに影響し合っています。

司法は「動物的な脳」を無視している

しかし、パヴロフの「信号系学説」はコモンセンスになり得たわけではありませんでした。それが証拠に、日本の刑事司法体系では中枢の機能を「意思」という言葉一つで表しています。刑法の第三十八条は「罪を犯す意思がない行為は、罰しない」と規定しています。人間は、幻覚、妄想、興奮、意識の異常、精神発達遅滞等がない状態か軽微な状態においては、いつも「意思」に基づいて行動できるという理屈です。**つまり刑法の理論では「第一信号系」はないことになっているのです。**人間の行動原理を無視しています。人間に二つの中枢があることに着目し、それぞれの中枢の特性を踏まえ、司法は判断を行うべきだと平井医師は訴えています。

「我慢が足りない」「『意志』が弱い」わけではない

私たちは普通に暮らしていると、自分の「意思（意志）」によって行動していると思っています（先述の通り、刑事司法の領域では「意思」という言葉を使います。一般に広く使われる「意志」と同等のものと考えてください。本文では「意志」より「意思」を優先して使用します）。「為《な》せば成《な》る」という言葉はまさにそのことを表しています。ところが、よく考えれば、「意思」に反したことをしてしまうことは多く、「意思」をしっかり持てば行動を変化させたり問題を解決できたりするものでもない事柄はあふれています。私たちが「意思」という言葉で表している作用は、「第二信号系」の作用なのです。私たちは**「無意識の脳」の存在に気づき、そのコントロールシステム＝「第一信号系」の働きを知る**べきです。

先述したように、「第一信号系」は、過去に成功した行動を「反射」で再現し、失敗した行動は再現しなくなるシステムです。「反射」には基本的には二種類あります。

一つは、生まれつき持っている「無条件反射」という神経活動です。たとえば胃や腸は、生まれつき自動的に動いています。モノが飛んで来たらとっさに目をつぶる、やけどするほど熱いモノを手にしたらとっさに離す、赤ちゃんが誰に教わるともなく乳首を口に含むのも、生まれつきの神経活動です。これらは、生存と直結しています。

もう一つは、動物が生後の環境とやり取りをしたことによって持つことになった「条件反射」という神経活動です。ベルに反応する犬、お手の合図に手を上げる犬、梅干しを食べたことのある人は梅干しを想像するだけで唾《つば》が出ますが、食べたことのない人は、唾は出ません。これらは「無条件反射」を元にして、新たに条件付けられた神経活動です。「ハマる」とは、「条件付けられる」ことを言います。健全な「ハマり」も、悪癖や悪習慣と言われる「ハマり」も、いずれも後天的に「条件反射」が成立した状態です。

一般的には、「無条件反射」「条件反射」の名称が用いられますが、「無条件反射」の意味は、無条件に生じる、あるいは条件付けられてなくても生じる「反射」、という意味でしょう。しかし「無条件反射」も進化の過程で大昔に条件付けられたものなのです。従って平井医師は、「条件反射」に〝無〟をつけるか否かで区別するのではなく、反射を獲得したのが前世代までか、現世代か、ということで区別すべきであり、**「無条件反射」を「先天的な反射」、「条件反射」を「後天的な反射」と呼ぶ方が適切**であると考えます。

ある行動が条件付けられているかどうかを見分けることは簡単です。やめようと思えば簡単にやめられるか、やめるのが至難に感じられるかの違いです。至難を感じたら第2章で紹介するやめるための対策、条件付けを解除するための脳トレである「条件反射制御法」を思い出して実行してほしいのです。

脳は「ご褒美」をもらって「ハマる」

さて、では実際に「動物的な脳」はどのようにして条件付けられるのでしょう。

「ハマり」から解放されるために一番目に大事なことは脳の中で起きている「条件付けの仕組み」を知ることです。

そのキーワードは「ご褒美」です。平井医師は「生理的報酬」と名付けて、そのメカニズムを解説しているので紹介します。

約138億年前に宇宙が始まり、約46億年前に地球ができ、約38億年前に生物が誕生した。生物は自己保存と遺伝で特徴づけられ、それらは防御、摂食（栄養摂取）、生殖により成立する。生存する環境の中でこれらの活動を反復し、適応し、一部の生物種は生き残り、進化し、動物が生まれた。

動物は活発な神経活動をもって防御、摂食、生殖を行い、これらの行動能力の向上が環境への適応であり、また、環境に適応した行動を残す傾向をもつ個体が生き延びた。つまり、現存する動物は防御、摂食、生殖に成功した場合、その時点までの神経活動を再現されやすい形で定着させる効果が生じる傾向を強くもつ。その効果を生じる現象や作用を生理的報酬と呼ぼう。環境からの刺激に対してなんらかの行動を起こし、その後に防御、摂食、生殖に成功すれば生理的報酬が生じ、その行動は定着する方向に進むので、その反復により条件反射が成立する。（下総精神医療センター薬物乱用対策研修会抄録集　ヒトの行動原理とつまり、「防御」「摂食」「生殖」という生存を支える三つの活動に成功したら脳がご褒美をもらえるシステムです。ご褒美がもらえたら、その行動に至る行動が定着します。これを薬理学の世界では「報酬効果」と言いますが、平井医師は「生理的報酬」と呼んでいます。理由は、本来、それは生きる理《ことわり》に合致した行動に成功した後、生じるものだからです。決して人間社会の報酬のように、獲得するために行動するという目的になるものではありません。その差異を明確にするために、「生理的」を付けたのです。「生理的報酬」は、三つの活動に失敗したときは生じません。生じなければ、そこまでの「反射」は抑制されます。このことも「ハマり」を解除するために重要な意味を持ちますので覚えておいてください。

では、「生理的報酬」とは具体的には何のことか、と思われるでしょう。「守る」

「食べる」「セックスする」に成功したとき、私たちは安堵感《あんどかん》、満足感、快感を得ることが多いのですが、これらが「生理的報酬」なのではありません。これらは「生理的報酬」と同時に生じるものです。「生理的報酬」とは、進化を支えてきたものです。簡単に見えたりするものではありません。どの部位のどの活動が、どの物質が、かかわっている、などと簡単に言えるものではないのです。

システムの入り口は、目や耳などです。そこで環境から「刺激」を受けます。「反射」の出力を実現する出口は、動作なら手足などで、言葉を発するのなら、喉《のど》・口唇《こうしん》・舌なども関係します。このように「生理的報酬」は身体《からだ》全体で環境と生き死にをかけたやりとりをし、生き抜く行動に成功したときに、生じるものなのです。

「『意志』が弱いからやめられない」は大間違い

夜が来ると飲みたくなる人、電車から降りてネオンサインを見たら飲み屋に行きたくなる人は、「夜が来た」「電車から降りた」「ネオンサインを見た」という「刺激」の入力に対して、「第一信号系」から「飲みに行く」という行動を司る神経活動が「反応」として出力されます。

家ではなく飲み屋に行って飲みたくなるのは、朝、自宅を出て、職場に行き、午前の仕事をして、昼食をとり、午後の仕事をして、仕事の片付けをして、職場を出て、飲み屋に向かい、飲み屋での寛《くつろ》いだ雰囲気の中で飲み相手との楽しい会話があり、そこで飲酒し、アルコール血中濃度が高まり、アルコールの薬理作用により「生理的報酬」が生じるからです。

その効果により、朝起きたときから、そこまでの「刺激」と「反応」の連続が定着する方向に進みます。何回もその行動を反復すると、その行動が固定的になります。そのように並んだ「反射」を「反射連鎖」と言います。夜を待たずして朝起きたときから、夜の飲酒の方向に行動は向いているのです。

実は、人間の場合、「生理的報酬」が生じるのは「防御」「摂食」「生殖」の三つの活動に成功したときだけではありません。摂取した覚醒剤やアルコール等の薬の作用によっても生じます。さらに「第二信号系」で起きる達成感によっても「生理的報酬」は生じます。成績がクラスで一番になったり、選挙で勝ったりすると、もう一度、頑張りたくなるのです。頑張る行動が「第一信号系」に定着したのです。

ワーカホリックになるのも、妻を見たら怒鳴るＤＶ夫になるのも「生理的報酬」

の効果です。「これ以上頑張ったら身体を壊すから休んだ方が良い」とか、「妻を苦しめてはいけない」などと「第二信号系」が判断し、決意しても、過去に仕事の達成や妻に対する支配の達成により「生理的報酬」が生じることが反復し、そうした行動が「第一信号系」に強く定着していたら、そうした行動の「反射」による作動は「第二信号系」を凌駕《りょうが》します。そのような「第一信号系」は、「第二信号系」に強い影響を与えるので、「仕事のやりすぎは身体に悪いかもしれないけれど、やはり、私は死ぬ気で頑張るのが信条だ」とか、「妻を怒鳴っても殴るよりはマシだ」などと「第二信号系」の「思考」をゆがませ、従えます。結果、人間は自他の心身を破壊してしまいます。

昔から私たちは「意思（意志）」という言葉を使っています。人がしようとする行動の内容を決めるのは「思考」という機能であり「意思」はその内容である、と捉えていますが、それらは例外なく、いかなるときでも「第一信号系」の影響を受けているので、純粋な「意思」というものは存在しません。また、「意思」と似た言葉に「認知」というものもありますが、これらの言葉は互いに正反対の機能を持つ「第一信号系」と「第二信号系」の作用の結果のものです。ですから、**「意思」や「認知」という言葉を用いて、人の行動を分析したり治す方法を考えたりすると、間違いがあったり、効果が不十分だったりします。**

ちなみに、本書の最後でも紹介するロボットの研究をされている前野隆司氏は、人が自分の意図を意識する前にすでに脳の活動が始まっていることを発見した海外の実験結果から、「意識は無意識の結果をまとめた受動的体験をあたかも主体的な体験であるかのように錯覚するシステム」であると説明しています（『脳はなぜ「心」を作ったのか 「私」の謎を解く受動意識仮説』筑摩文庫）。「意思」について、私たちは思い込みを捨てて、改めて考える必要が確かにあるのです。

「わかっちゃいるけどやめられない」のはなぜか？

私たちはこの「第一信号系」の「反射連鎖」が作動しているとき、普通、「欲求が生じている」と感じます。「第二信号系」は「思考」して行動を牽引《けんいん》する司令塔ですから、「飲みすぎはいけない、お金もないし家に帰らないといけない」と判断し、飲みに行くのをやめる動作を作ろうとします。このとき、「第一信号系」では「飲み屋に行く」動作を司る「反射連鎖」が作動します。飲みに行くのをやめようとする「第二信号系」と「飲み屋に行く」動作を作る「第一信号系」との間に摩擦が生じ、焦燥や苦悩を感じます。これを「欲求」と感じるのです。この摩擦が大きければ大きいほど「欲求が大きい」と「第二信号系」は解釈します。

飲み屋に行って**飲酒した回数が多いほど、この勝負は「第一信号系」の方が有**

図3 「飲み屋に行く」までの刺激から行動への流れ

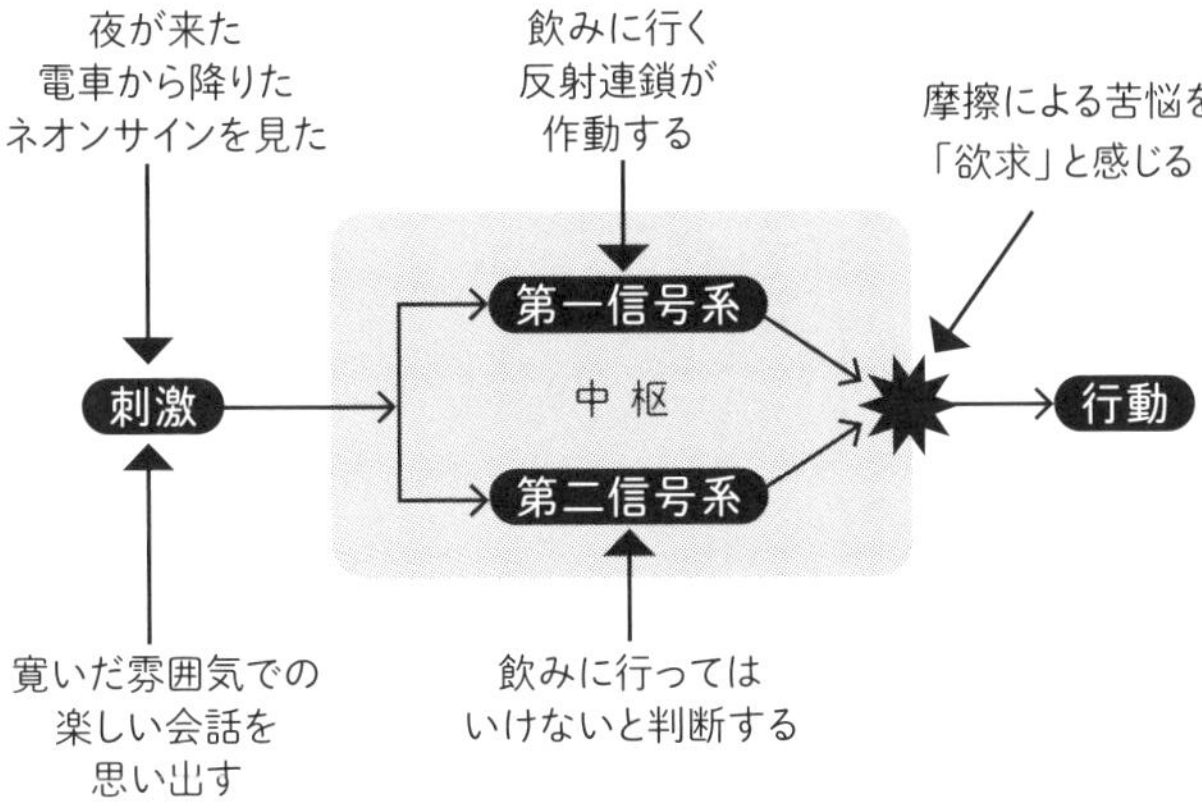

利になります。そのわけは、「第二信号系」が、たった120年も生きない個人の考えが及ぶ範囲で、「よりよく生きよう」と行動する司令塔であるのに対し、「第一信号系」は38億年前の生物発生のときから地球上の全ての生物の生命を、「守る、食べる、子孫を増やす」という行動を正確に反復することで支える司令塔ですから、**「第一信号系」が一つの行動を何回も反復したとき**は、どうしたって「第一信号系」は「第二信号系」に勝るのです。

なので、「わかっちゃいるけど、やめ

られない」状況になるのは、実は生物種としての正常な現象の延長だと言えるのです。しかし社会的には逸脱です。本能という「無条件反射」に「条件反射」が加わると、本能は作動しやすくなります。この状態に陥ったら、「第一信号系」の「過剰な作動」が起きた、と表現するのが適しています。

「意思」という間違った意味を持つ言葉を用いて繰り返しますが、「意思（意志）が弱いからやめられない」のではありません。

「ハマり」に勝てない自分を責めてはいけない

「第二信号系」は状況を把握し、未来に考えを走らせ、素晴らしい文化を人類にもたらすシステムですが、柔軟です。別な言葉で表すと、ひ弱です。**「第一信号系」に負けると、「欲求」を正当化するために、いかようにもゆがみます。**ダイエットしているのに「夜じゃないからケーキ食べて良いよね」とか、不倫しているときに「不倫も愛の形だから」とか、「あの人のためには私が必要だから」とか、いわゆる正当化を始めます。ストーカーなら相手と離れないための言い分を沢山かき集めようとします。いわば、ダメだと**「わかっちゃいるけど、わからない」**状態になります。しかし、ケーキを食べ終わって欲求が引いてしまったら理性が戻り、後悔が押し寄せます。不倫相手を嫌いになったら「やはり不倫はいけないわよね」と考えを翻らせます。ストーカーは「相手は自分に相応《ふさわ》しくなかった。目が覚めた」とか言います。「欲求」が収まれば「思考」は自然に適正化するのです。「わかった」状態になります。

私たちは「自由な思考」というものがある気がしますが、先述したように中枢は二つあり、無意識的な「第一信号系」と意識的な「第二信号系」が相互に刺激し合います。「第二信号系」の機能である「思考」は、必ず「第一信号系」の影響を受けています。**「第一信号系」の影響を全く受けていない「思考」はないの**です。

「ハマり」をやめるために二番目に大事なことは、「ハマっ」ていることを認めることです。

困ったと感じることができるのであれば救われるということです。認めなかったり、違和感がなくなってしまうとやめたいとは思えません。「ハマり」を認めて危機感をいだくことは非常に大事なことです。

三番目に大事なことは、自分を責めたり、期待してはいけないということです。

自分を責めるということは、自分の「意思」（そんなものはないのですが）の全能性を信じ、「ハマっ」ている状態における自分の無力さを認めていないということです。もし、責任を感じるのであれば、「ハマっ」てしまう前に、引き戻るための手助けや手立てを探そうとしなかった自分について感じるべきです。「ハマっ」てしまった状態に勝てないことを責めてはいけません。

そして、「第一信号系」の影響を受けざるを得ない「第二信号系」に期待しすぎないことです。願うことと期待することは違います。自分に期待すると期待通りにならないことに怯《おび》え、期待通りにならないと絶望、自己否定、自己憐憫となり、そのストレスはとても大きいものになります。なので、せいぜい希望を持っているという表現を自分にも他人にもするのが良いのです。

「ハマり」をやめるために四番目に大事なことは「ハマり」に対して自分の無力さを認め、謙虚にやめたいと願い、手助けや手立てを探すことです。

「良い習慣」も「悪い習慣」も環境に適応した結果

生存し遺伝子を残す「防御」「摂食」「生殖」の行動は、世代を超えて司ってきた**先天的な「反射」を本流とする「反射連鎖」の作動で生じる行動であり、「本能行動」**と呼びます。それに対して、生まれた後にその個体の環境に応じて、**後天的な「反射」が本流となり生じるようになった行動を「適応行動」**と呼びます。

薬物やアルコールを摂取する後天的な「反射」が本流の「適応行動」は、人生に障害を与えるので「適応行動」と呼ぶのには違和感がありますが、物質を摂取することにより「生理的報酬」を獲得するので、生理学的には「適応」が的確です。

平井医師は「過剰な作動」というキーワードを持って、様々な「ハマり」を

「信号系学説」から説明してくれました。それは現代社会の特徴的な病態を解き明かすもので、私は目が覚める思いで聞きました。それは次のようなものでした。

「防御本能」の「過剰な作動」による「ハマり」には、パニック、PTSD、反応性抑うつ、放火、自傷行為などがあります。大昔、まだマンモスがいた頃、人類は外敵や嵐《あらし》から、息せききって逃げ、心臓がバクバクしながら、穴の奥に逃げ込み、潜《ひそ》み、火を取り囲んで危機が過ぎるのを待ちました。このとき、どんなにほっとしたことでしょう。「防御」が成功し、「生理的報酬」が生じ、次にまた「防御」する行動を司る「反射連鎖」が整いました。危機感や恐怖を察知する→心臓がバクバクする→穴の奥に入る→火を見る→ホッとするという「反射連鎖」です。

会社や学校でのトラブルや虐めなど危機的なことを予見すると、出社や登校をしようとしても心臓がバクバクして電車に乗れないなどパニックになる、自宅の部屋や布団の奥に潜る、反応性抑うつになるという流れです。ストレスが高じると火を見たくなる放火も「防御本能」の「過剰な作動」です。

リストカットは、一見、命に反する行為のようですが、やはり「防御本能」の「過剰な作動」です。大昔、自分が捕食されそうになり、怪我《けが》をしながら逃走し、逃げおおせたところで、血が流れているけれど、生きており、「防御」に成功した「反応」が脳に生じ、「生理的報酬」が出て、その時点までの神経活動が定着し、うまく逃走できるようになる、といったことが起きていました。その流れの中の、血を見る行動を司る「反射連鎖」が「過剰に作動」した行動が、リストカットだと考えられます。

暴力を受けている妻が、夫から逃げられないというのも、殴られても「死んではいない」ことから、「第一信号系」が「防御」に成功した「反応」を生じ、従って「生理的報酬」が生じ、暴力を受けても逃げずに夫の命令に従うという行動が定着するからです。いくら「第二信号系」が「逃げなくてはいけない」と指令を出しても「第一信号系」の無意識の「反射連鎖」が妻の足を止《と》めてしまうのです。

理由もないのに特定の人が苦手になるのも、警戒するという「防御本能」の「過剰な作動」から来るところの「反応」です。過去に、あなたがなんらかの特徴を持つ誰かに叩かれたり、罵られたりしたとします。あなたはその暴力や罵声を受けたときの、その人のなんらかの特徴を「刺激」として受け、その後、緊張があり、その過酷な状況を生き延び、「生理的報酬」を獲得します。従って、過去にあなたを叩いたり、罵ったりした人のなんらかの特徴は「刺激」として定着しました。危機的状況から生還した行動を司った「反射」の連続は、強力な「生理的報酬」が生じて、**たった一度でも定着します**。なぜなら、そのような性質を持った個体が生き延びてきたからです。

さて、あなたの「第一信号系」には、前述したなんらかの特徴が「刺激」として定着しました。従って、その特徴と類似した特徴を持つ別の人があなたに近づいても、その特徴が「刺激」になって、緊張するという「反応」が起きて、苦手な感覚が生じるのです。極端なときには相手から目が離せなくなるほど警戒し、注意が向きます。これらは無意識的に起こることです。

「摂食本能」の「過剰な作動」には、摂食障害、病的賭博、病的窃盗がありまず。太古の人類が食物を獲《え》た狩猟は、たとえば、十回に一回くらいしか獲物を獲《と》れず、また、激しい運動をすることから心拍数が上がるものでした。十回に一回くらいしか当たらない賭博や、ドキドキしながら見つからないように商品を入手する万引きは、太古の狩猟と同じです。太古の狩猟や、賭博や、万引きは、成功すると、先天的な「反射」に後天的な「反射」が結合して、それらの行動が生じやすくなるのです。

「生殖本能」の「過剰な作動」には、露出、痴漢行為、強姦《ごうかん》があります。医師や研究者の中には性的欲求が高じたことが原因にあるのではない、むしろ女性蔑《べっ》視《し》などの思考の偏りや、無知、無関心がそういう行為に走らせるのだと主張する人もいます。痴漢時に勃起《ぼっき》していない者が多いこと、性犯罪者の精神鑑定や治療において、男性ホルモン値が異常に高値であったことがないことをその根拠に挙げる人もいます。それに対して平井医師は、痴漢行為をするときに勃起しない者が多いらしいことに関しては、自然界においては、雄が群れの中で雌に接触を試みた時点では、後に他の雄と戦うことも通常生じることなので、むしろ、自然であると言います。また、男性ホルモン値が正常であることで生殖行動が生じることとは自然であるので、男性ホルモン値が正常であることで痴漢行為の根拠を特定することは不可能だと言います。性的逸脱行動は、「第一信号系」の「反射連鎖」が作動して生じるものであり、性的欲求や性的衝動があって成立することを、痴漢を例にして次のように説明しています。

「生殖」は、対象の視認、接近、接触、脱衣、性交で成立する行動であり、先天的な「反射連鎖」が本流にあり、誰でもその「反射連鎖」を持っている。性行動が生じる年齢となり、そこにストレスやゆがんだ情報が加わり、ある者では障害や過去の過酷な体験が基盤となって、「生殖行動」を司る「反射連鎖」が「第二信号系」による制御を越えて作動し、視認して、接近して、接触するまでの行動が生じて、痴漢行為になる。

「第一信号系」の「反射連鎖」の作動で生じる行動なので、「欲求」あるいは「衝動」と表現するべき神経活動が伴う行動である。その行動が生じた後に、自宅に帰って、自慰をして射精すれば、「生理的報酬」が生じ、その前の神経活動を定着させる効果が生じて後天的な「反射」が組み込まれ、痴漢行為はますます円滑に生じることになる。

「生殖本能」の「過剰な作動」による逸脱行動は反復でより起きやすくなるということです。恋愛型のストーカーも「生殖本能」の「過剰な作動」と言えます。

条件反射で生じる「適応行動」は、主に次の二つを挙げることができます。

①薬物やアルコールのような物質の作用により定着する「適応行動」
②「第二信号系」で成功や達成を把握して定着する「適応行動」

の二つです。②には、習熟した動作という「適応行動」が起こすヒューマンエラーも含まれます。ヒューマンエラーはうっかりミスですが、気をつけようという考えが不足していただけではなく、習熟した行動があまりに円滑に出すぎ、「第二信号系」の「思考」による確認などを超え、うっかりミスとして表れるのです。

2005年12月に、ジェイコムという会社の株式を証券会社の担当者が「61万円1株売り」とすべき注文を「1円61万株売り」と誤ってコンピューターに入力したことがありました。コンピューターの画面に、注文内容が異常であるとの警告が表示されたのに、担当者は無視して注文を執行しました。「警告はたまに表示されるため、つい無視してしまった」（証券会社）とのことでした。通常ではありえない大量の売り注文により株価は急落したのです。この担当者もベテランでした。ヒューマンエラーは作業に習熟した人間が起こすのです。

私は、以前、買い物から帰ってきて、冷蔵庫に野菜と一緒に財布を入れてしまい、すっかり財布をなくしたと思い込んだことがあります。これも、冷蔵庫に買い物かごの中のものをしまうという作業が習熟したから起きたことだったと考えることができるでしょう。

うっかりミスをなくすには、「間違わないぞ」という決意を強くするだけでなく、

「適応行動」をほど良い状態に留める脳トレ、「条件反射制御法」をすることが効果的です。その具体例は第4章で紹介します。

やはり「ストレス」は良くない

できるだけ「第一信号系」が「過剰な作動」を起こさないようにするコツ、「過剰な作動」の程度を低くするコツを知っておきましょう。

生存し遺伝子を残す「本能行動」がどういうときに高まるのだろうかと考えるとわかります。答えは、生きる方向の行動が激しく生じる状況になったとき、すなわち、生きることが妨げられるときです。危機のときです。それを経験上、知っている植木屋さんは植物の茎を少し傷つけることで、沢山の花を咲かせます。動物も生きる方向に走る足を引っ張られたときは、「本能行動」を司る「第一信号系」が激しく作動します。生きる方向に走る足を引っ張るものは、人間の場合、一つには「ストレス要因」です。「ストレス要因」は人を死に向かわせるものです。「ストレス要因」を強く受ける企業人が電車の中で痴漢をするということが起きますが、「生殖」行動が「過剰な作動」を起こすからです。

ハマりをやめるために五番目に大事なことは、「ストレス要因」から離れることです。

「やめなくてはいけない」と強く決意したり緊張したりすることも「ストレス要因」ですから、一旦《いったん》、肩の力を抜くことが大事です。

刺激に過敏だと「ハマり」やすい

第六番目に大事なのは、「反応性の高い脳」にならないことです。

望まない「習慣」ができてしまう人というのは、「意思（意志）」が強いからでもなく、弱いからでもなく、ただ「条件付けられやすい脳になっている人」です。「条件付けられやすい脳」とはどういう脳でしょうか。一言で言うと**「刺激」に対して「反応」が早い過敏な脳**です。入出力が早いので神経活動は定着しやすくなります。平井医師が患者の生活歴を聴取すると、全員ではないにしろ、過去に極めて過酷な体験をしている人が多いそうです。不和の多い家庭、過保護、または虐待する親、学校での虐めなど、幼少の極めて早い時期から強いストレスを頻回に反復して受けているそうです。これは私がカウンセリングをしたストーカーにも言えることです。

子ども時代は環境への反応性が急速に深く定着する時期です。「ストレス要因」を受ければ、脳内には生きる方向への活発な神経活動が生じることは先述しました。危機的状況が起きると、泣く、避難するなどの行動の後に、危機的状況が去り、平安が訪れ、すなわち「防御」に成功したのであり、「生理的報酬」が生じます。こうしたサバイバルを、成人前に反復して体験した人間の「第一信号系」は、天敵の多いジャングルで育った小動物の脳と同様に、**周囲からの「刺激」に対して生きる方向に素早く激しい行動を無意識に取るようになります。**脳はあらゆる「刺激」に対して素早く激しく行動する反応性の高い脳になるのです。

こうした成育歴を持つ、持たないは、本人では決められることではありません。ですので、自分の成育歴を振り返り、かなり過酷だったと思ったら、まずは過去の「ストレス要因」の記憶に耐性を付けることをします。私の場合は主としてゲシュタルト・セラピー（未完結な問題や悩みに対して再体験を通しての「今ここ」での「気づき」を得る療法）を用いたイメージ療法をします。後ほど、具体例を第2章の「セラピーで治る理由」のところで紹介したいと思います。「条件反射制御法」には、「体験の書き出しと読み返し」という作業がありますが、まさに、こうした症状を改善させるために開発された作業ですので、後に触れることにします。

第2章

「悪い習慣」を消していく「新しい習慣」

ストーカーも「ハマり」の一種

私は１９９９年からストーカー対策に特化した仕事をしてきました。ストーカーと呼ばれる加害者に会い、彼らの言い分を聞き、被害者に接近しないでほしいと頼むことをしてきたのです。被害者と加害者双方に接触するのはカウンセラーとしてはタブーと言われています。情報管理に問題があるというのがその大きな理由でしょう。

しかし、ストーカー行為、セクハラ、パワハラ、といった被害では、被害者のカウンセリングだけをしていてもなんの問題解決にもならないことが多いのです。被害者が救われるのは加害者が加害行為をやめたときです。だから加害者にコンタクトして「やめてください」とお願いしてきました。全てはここから始まります。

私が連絡してストーキングをすぐにやめる人もいないわけではありませんが、ほとんどが、ストーカーの自覚はなく、「相手が一方的に離れていった」「自分が被害者」「責任を取らせたい」「誠意を見せてほしい」「こちらの心のケアを相手はすべき」といった声を聞かないことがないほどです。

ストーカーは、「特定の相手に関心が固着」し、「接近欲求が止まらない」ということに「ハマっ」た人である、と私は見ています。接近する行動を促進する「第一信号系」に引きずられ、「第二信号系」はいくつもの言い分を作るのです。それでも相手が戻ってこないとわかると禁断症状のようにパニックになり、事件を起こす人までいます。

ストーカーは恋愛対象だけにハマるのではありません。親子、上司部下、友人関係、ご近所、患者と医師、教師と生徒、アイドルとファン、あらゆる人間関係において人は相手にハマることはある、ということです。対象は人間だけでなく、組織や地域も含まれます。ご近所の人を標的にして日々トラブルを起こす人や、特定の会社に対する被害者意識に捉われ、攻撃対象とする者などもストーカーだと私は見ています。ただ恋愛対象は非常に「ハマり」やすいと言えます。相手に対する思いが強ければ強いほど「ハマる」のです。大好きだった相手に拒絶されたとき、爽《さわ》やかに「わかったよ、さよなら」と去れる人がとても少ないのはそのためです。幸せだった頃の記憶がリフレインし、再現したくなるのです。

クレーマーとストーカーの違いは、クレーマーは相手に「ハマっ」ているわけではないということです。接近は文句までの行動であり、商品を交換してくれたりお金が戻ったり、あるいは謝罪があれば対象から離れます。ただし、クレームを言っているうちに担当者に関心が固着したら、ストーカーになります。

整理して言うと、接近を断っても接近してくる「無許可接近」は全てマナー違反ですが、受ける者が苦痛を感じたらストーキングというハラスメントです。ただし、クレームや商売、宗教の勧誘のように相手以外に接近の動機があればその人はストーカーではありません。ストーカーとは、相手に「ハマっ」てストーキングする人のことです。

ちなみに、ストーキングする者を英語でストーカーと言いますが、私の定義では、ストーカーとは病的な状態にある者であり、ストーキングをする全ての人間がストーカーという病的な状態に陥っているわけではありませんので、「ストーキングする者」と「ストーカー」とを分けています。ストーカーは被害者を苦しめ、同時に自分自身の執着に苦しみ、時に自分の命を絶ってでもその苦しみから解放されようとします。

一方、ストーキング自体を楽しむ程度に、病状が留まっている加害者もいます。彼らは苦しみとは遠いところにおり、対象にしがみつかず、いつでもやめることができ、潮時が来たら対象を変えます。

たとえば、ＤＶをする夫の多くは妻に執着し、妻が逃げればストーカーになりますが、特定の相手である妻に執着が少ないＤＶ夫は再婚して、再びＤＶをすることも起きます。こういう加害者は理性で損得を測る部分が残されており、快感や金銭を得ることが特定の相手への接近よりも優先します。そのような対象不特定で計算高いＤＶ男にはまずは「治す」アプローチよりも「罰する」アプローチをするべきだと私は考えます。

彼らには、ストーカーの多くがこだわる律義さやプライドといったものはありません。私が被害者を救い出すために会いに行くと、凄《すご》んで私の腕にタバコの火を押し付けようとアピールなどしますが、赤の他人を傷つけるのは損だとわかっているため、暴行しないことが多く、むしろ怯《ひる》みますので、その間に被害者を確保することにしています。ただし、対象者を半殺しにするほどの暴力を振るっている場合は警察に逮捕をしてもらいます。

ストーカーが特定の相手に関心を固着させる動機は様々ですが、オーストラリアのビクトリア州メルボルンにあるモナッシュ大学の研究者や関係機関が開発した「Stalking《ストーキング》 Risk《リスク》 Profile《プロファイル》（SRP）」では、ストーカーを動機別に五つの型に分類しています。要約すれば、

①失恋から始まる「拒絶型」
②被害を受けたと思い込む「憎悪型」
③孤独ゆえ知り合いに対して求愛する「親しくなりたい型」
④憧《あこが》れの対象に個人的関わりを求める「相手にされない求愛型」
⑤常軌を逸した性癖から窃視《せっし》や尾行をする「略奪型」

です。

私が被害者の代わりにストーカーの言い分や文句をしっかり聞いて、被害者との窓口となり、彼らの言い分を解決していくことで、自分の言い分がなくなりストーキングをやめられるようになるストーカーは約八割です。こうしたストーカーは警察から警告を受ければやめることができるストーカーです。

しかし、残るストーカーは、言い分がなくなってもストーキングをやめられません。あるいはストーキングをやめられないために言い分を曲げられません。どちらも被害者とのつながりがなくなったら生きていけないという感覚に陥っています。そういうストーカーは何かしら病的な状態に陥っていることが多く、たとえば孤独や恐れなど、過去、他者との関係において生じ、それが「反射」で生じるように定着していると見ることができます。彼らにはセラピーを施すと半数以上に効果がありました。

セラピーは、思考に頼らず、イメージを使って体験することにより、新たな感覚を得、新たな境地に立つことを可能にします。**セラピーは効果があります。ただ、なぜ効果があるのか、解釈はいかようにできても理論的な説明はなく、私は疑問を感じ続けてきました。**しかし、その後、「条件反射制御法」を学んで理解できるようになったのです。後ほど、実例を話しながら説明したいと思います。

カウンセリングやセラピーを施せない、施したとしても治らない、数パーセントのストーカーは何がなんでも相手から離れられないストーカーでした。彼ら自身が苦しんでおり、その苦しみを終わらせるために、対象を殺すこと、自分も死ぬことを真剣に考えます。そのようなストーカーには、彼らを見張りながら、言い分を何百回となく繰り返し聞くことしかできなかったのですが、なんと、数カ月から半年もすれば、ストーキングする欲求が減っていく者もいました。

なぜ、何百回となく話を繰り返して聞くだけのことに効果があったのか、これについては第3章で説明したいと思います。

カウンセリングやセラピーで治るストーカーと治らないストーカー、この違いはどこから来るのでしょうか。

ある男性は、カウンセリングが終わったとき、「ストーカーとは断られると発症します。ストーカーにならないためには相手から『断られないこと』です。そのためには、自分が『頼まないこと』です。自分が頼まなければ相手から断られません。断られなければストーカーにはなりません」と言いました。

彼の理性を司る「第二信号系」は完全には自由ではありません。「第一信号系」に負けている部分があります。ただ、彼は自分の理性が負けていることを自覚しています。**自覚し、対象に近づかないという自己管理ができる程度の「欲求」に治まっている**と言えるでしょう。

「水が飲みたい」という「欲求」にたとえるなら、喉の乾きが我慢できる程度のストーカーもいれば、死ぬほど渇望するストーカーもいます。後者のストーカーは目の前にある水が絶対に飲めないとわかったら、悶絶《もんぜつ》して水ガメを壊しにかかるかもしれません。殺人未遂での実刑を終え、出所したストーカーに会ったとき、彼の殺意は消えていませんでした。カウンセリングは焼け石に水で、医者に連れて行っても治療対象ではないと言われました。私は見張るしかありませんでした。

こうしたストーカーたちは日々監視するしかなく、私はまるで彼らと船に乗り大海をさまよっているような気持ちでした。そんなとき、「治しますよ」という声がかかりました。２０１３年12月、平井医師との出会いでした。

「依存は治らない」はもう古い

ストーカー対策の活動の当初、わかっちゃいるけれど、やめられない「ハマっ」てしまったストーカーは、「人に対する嗜癖《しへき》」「アディクション」「依存」なのかと、私は考えました。「依存」症を治す治療はないものかと精神科医を訪ね歩きました。また、薬物「依存」症の回復支援をする日本ダルクの近藤恒夫氏の下、講演会や勉強会で学びました。そこでの結論は、「依存は治らない」「回復しかない」「今日、一日」ということでした。

確かに「支え合うこと」「治ろうと頑張らないこと」「祈ること」は大切です。しかし、ストーカーは治らないと被害者が一生、苦しむことになります。やはり治したい、欲求そのものが消えることはないのか、どうにも納得がいかないまま月日が流れていったのです。

そもそも平井医師と出会ったときに、「依存」という言葉自体が不適切であると指摘され驚きました。平井医師が言うには、たとえばアルコール依存症という言葉を文字通り捉えると、アルコールに依《よ》って身体が存在するという意味になります。それが該当する状態は、連続的に摂取してアルコールが定常的に体内にあることになれば、その薬理作用に生体の機能が対抗して均衡状態が生じます。その状態に至ったところで、アルコール摂取を突然やめると、血中アルコール濃度が低下し均衡が崩れ、自律神経の変調や意識の異常が生じ、不調になります。つまり、アルコール摂取を連続していたときの均衡状態はアルコール摂取に依存しており、アルコール摂取により生体が不安定な均衡でどうにか機能している状態が「アルコール依存」の状態なのです。この状態は限定的な重要性しかなく、アルコール問題の大事なところは、その**不安定な均衡が終わった後にも、アルコールを摂取する行動を司る「反射連鎖」**が作動することです。その「反射連鎖」が作動するので、アルコールへの欲求が生じるのです。

また、病的窃盗や病的賭博を「依存」として解釈するのは、より甚だしい誤りだと言われました。窃盗や賭博を反復する人間は、それらの行動から離れることで意識障害や自律神経の異常は生じません。つまり、もともと窃盗や賭博をすることで保たれる均衡状態などない、ということです。

いずれにしても、薬物使用障害や病的窃盗、病的賭博を治しておられる平井医師にすれば、**「依存は治らない」という言説は、言葉も不適切ですし、とても受け入れられる言葉ではない**のでした。平井医師から、ストーカーを治せますと言われたときの嬉しさは、一生忘れることはないでしょう。

「自助グループ」は治さない

ダルクや「依存」症の専門クリニックで行われている取り組みや「治療」は、認知行動療法、Relapse《リラプス》 Prevention《プリベンション》 Model《モデル》（再発予防）、自助的なミーティングなどで、ほとんどが、人は考えて行動するという漠然とした理解に基づいて、考えて行動する脳である「第二信号系」を標的にして作られているようです。そもそも「依存は治らない」ことを前提とした治療モデルですから、基本的には自己管理がスムーズにできることを目的としたツールだと考えてよいでしょう。助け合いの精神や、正しい自己理解は「回復する」ための重要な要素です。ただ、「欲求」自体を焦点にしないところが問題ではないかと思います。**「欲求」を司るのは「第一信号系」ですから、ここを放置したままでは「治る」ことはない**ことになります。

セラピーで治る理由

あらためてセラピーについて書きたいと思います。

セラピーはカウンセリングと治療の中間に位置します。カウンセリングは「対話」により「思考」に働きかけ、過去と未来を適正に評価するもの、そして進む方向の再決断に至るものですが、セラピーは「イメージ」により「感覚」に働きかけ、「今、ここ」を「体験する」ことをします。過去の出来事を扱うにしても、今、起きている出来事として体験し、当時の未完了の感情を、今、完了させることをします。「治療」とは、**「思考」や「決意」などの「第二信号系」の働きではどうにもならない「疾患」を治す**ものです。なので「思考」に頼らないセラピーは治療的と言えるでしょう。

髪の毛を抜く「癖」や爪を噛む「癖」があります。爪を噛む癖のある人は爪を噛むと安心感が得られるようです。これをセラピー的に説明すると、赤ちゃんのとき、私たちは母親の乳首を吸って安心感と満足感を得ていました。その安心感を大人になっても無意識的に欲し、乳首以外のものを口にするということです。ある人にとっては、タバコも乳首の代替の役割を果たしているのかもしれません。望まない「癖」を治すとき、セラピーでは、無意識に持ち続けてきた「欲求」に気づき、「今、ここ」でそれを満たすという「体験」をします。

人は過去の記憶や体験に「ハマり」、苦しむことがあります。思い出したくないのに思い出してしまうという辛さは、その一つです。過去の体験が無意識的に現在の思考や感覚へ影響するのです。こうした症状に対して「第二信号系」で振り返り、終わりにしようとしたり、加害を受けた相手を許そうとしたり、失敗にこだわらないようにしたり、と努力をしても、感覚的にはそうならないという悩みにセラピーは効果があります。良いセラピストを探してセラピーを受けてみることを私はお勧めしたいので、セラピーの効果が生じる理由について、ここで説明します。

ある女性は、誰といても警戒してしまう「癖」がありました。

それを治すために、イメージで赤ちゃんの頃の自分になることをしました。すると寂しさを感じました。そこで今度はその赤ちゃんをあやす自分になり赤ちゃんが喜ぶまで相手をすることをしました。そしてまた赤ちゃんになり、赤ちゃんとして愛を感じる体験をしました。このエクササイズにより、彼女は人といると警戒するという「癖」が治りました。

このセラピーでなぜ「癖」が治ったのでしょうか？　その女性は子ども時代に誰かといてもあまり相手にされず、寂しく、不安で、警戒したけれど、「死なずに生きられた」ために、「第一信号系」では「防御」が成功し、「生理的報酬」が生じました。そのような体験を反復したので、誰かといるという「刺激」に対して、寂しく、不安で、警戒する「反応」が生じる「反射」が定着したと考えられます。

従って、現在でも他者といると、不安を感じ、警戒する行動が生じていたのです。

セラピーで赤ちゃんになったとき、誰かといることをイメージし、それが「刺激」となり、まずは寂しさ、愛されていない感覚、安心できない感覚、警戒心が「反応」として、生じました。その後、優しく守られ、愛されている、安心できるという通常の子どもが体験する平安な現象をイメージで体感して終わりとしました。

最後の愛された部分に注目しがちですが、抑制しなければならないのは寂しさ、不安、警戒心などです。セラピーでそれらは消えました。つまり、セラピーでは寂しく、不安で、警戒するという過去の「防御」の方法が生じなかったために「防御」に成功しておらず、従って、「生理的報酬」は生じず、誰かといることを「刺激」として、警戒する「反応」が生じなくなったのです。

彼女は、**「思考」に働きかけるカウンセリングにおいて、自分は愛されるに値する人間だと理解し、納得もしたのですが、それだけでは持てなかった、人といて安心できる感覚を、セラピーによって持てるようになった**のです。

「刺激」に対する「反応」が「カタルシス」

先述したように、私は長年、なぜセラピーに効果があるのか、わからずにセラピーを施してきました。ゲシュタルト・セラピーはもとより、多くのセラピーがフロイトの精神療法を源流にしていて、カタルシス理論（催眠などで、自分でも気づかないような抑圧された感情や記憶を意識化し、言葉で表現すると、感情が解放され症状が消えるという実践理論）を重視します。

カタルシスとは、感情を意識化する際に起きる強い反応と、その後の改善された精神状態で特徴付けられるもので、「心の浄化作用」と呼ばれ、セラピーで頻繁に行われます。

しかし、**感情を意識化し、強い反応が出ると心が「浄化」される理由、つまり、精神状態が良くなるのはなぜか、それが私にはわからなかったのです。**「抑圧された感情を吐き出せば癒《いや》される」「自分を受け入れれば受け入れるほど変わる」などの言辞《げんじ》には根拠が示されておらず、理解不能でした。

フロイトの精神分析は、催眠療法から離れていき、自由連想法により無意識下で起こっていることについて話をさせ、治療者が仮説を立て、クライアントはそれを直視し、受け入れ、問題の本質を理解、洞察する方法へと進みました。

そのプロセスにおいてクライアントには様々な感情が起きますが、洞察を得ながら、長い時間をかけ、最終的には深い洞察とともに症状が軽減し、考え方に変化が表れます。ここには、無意識の変化に対する意識的な「思考」の挑戦という態勢があることはわかりますが、私の疑問は変わりません。

感情を意識化し、「洞察を得ながら」受け入れることは、症状が改善される様子の説明として理解できても、そうなる理由がわからないままでした。

しかし、「条件反射制御法」の基盤理論に基づく平井医師によるカタルシス効果の説明は明解でした。平井医師は次のように言いました。

不安が生じ、緊張し、周囲を警戒する行動が生じる人の典型は、過去に辛い出来事があった人です。そのとき、日常生活がまずあり、その中で、辛い出来事があり、不安を感じ、緊張し、周囲を警戒したのです。その後には「生理的報酬」が生じました。なぜならば、辛い出来事はその人の「第一信号系」を死ぬ方向に押していく圧力なので、その辛い体験にどうにか対応しきったことは、死ぬかもしれない危機を生き延びたことです。だから、辛い出来事の後に通常の状態に戻ったときには、「生理的報酬」が生じるのです。

「生理的報酬」は、それが生じるまでの神経活動を、後に同じ「刺激」があれば「反応」が生じるように「反射」を第一信号系に定着させる効果を持ちます。定着するものは、定着の強さに差はありますが、辛い出来事だけに関する神経活動ではなく、それが起こった日常生活の中の「刺激」に対する「反応」、自分に生じた「反応」としての行動を「刺激」とする「反応」などの全てです。だから、過去に辛い出来事があった人は、今の環境の中の「刺激」が過去に辛い出来事があったときの「刺激」に似ていれば、それに対して「反射」が連鎖的に作動して、過去に辛い出来事を体験した後の不安を感じ、緊張し、周囲を警戒する神経活動が「反応」として生じてしまうことがあるのです。

その状態への対応として、後述する「自由連想法」という、辛かった出来事を思い出す方法では、辛かった出来事が起こったときの日常生活を思い出し、その中で辛かった出来事を思い出します。そうすることは、「刺激」を、日常生活から辛かった出来事に向かって時間的に順序よく入れていくので、「反応」が生じ、脳の中は当時の出来事でいっぱいになります。映像も見えて、音声も聞こえ、定着していた不安、緊張、周囲への警戒が生じることがあります。連想の中でのことだとわかっているけれど、強く興奮します。この部分がカタルシスを特徴づける一つの現象である、感情を意識化する際に起きる強い「反応」でしょう。

このときにもう一つ重要なことが生じます。強い「反応」が「生理的報酬」を伴わずに、生じたのです。自由連想法ではまずは、「刺激」を意識的に入れて、第一信号系が作動し「反応」が生じました。しかし、「生理的報酬」は生じていません。辛い出来事は実際には起こっていないことを把握している「第二信号系」と、「生理的報酬」の有無に左右される「第一信号系」との間の神経活動のやりとりにより、「防御」の成功はなく、「生理的報酬」は生じない現象となるようです。日常の生活での神経活動、辛かった出来事からの神経活動が「反射」の作動により再現されたにもかかわらず、その後に「生理的報酬」がなかったのです。従って、日常の生活からの神経活動、辛かった出来事から神経活動は低減します。つまり、カタルシスの後には辛かった出来事に関する「反応」は生じなくなり、精神状態は安定する方向に向かうのです。一度のカタルシスでも、十分な効果が生じて、その後の行動が楽になることも少なくありません。

説明を受け、わかったことがありました。それは、ある出来事があり、悲しみを感じたときに悲しい音楽を聴くと悲しみが減る気がする理由でした。つまり、悲しい音楽が悲しい体験を辿らせる「刺激」になり、「反応」として悲しみや涙が生じるものの、安全な環境で悲しみ、泣いているため、「今は、安全である」という「防御」の「反射」の最終段階に至り、過去の「反射」である「悲しい」作動性が低減するからだということです。

極端にも聞こえますが、**ヒトは死んでない限り、どのような辛い体験でも「防**

御」に成功し、そのときの環境からの「刺激」と防御する「反応」が「第一信号系」に定着してしまう、そのことが対人関係に心理的問題を生むのだと私は理解できたのです。

セラピーのクライアントの中には、「私は生きていて良いのですか？」と聞く人がいます。

生き死にまで他者に承諾を得るのは甘えだと評価するのは簡単ですが、起きていることは、「1＋1＝2さえ正解かどうか不安」といったような感覚です。**「正しいとわかってはいるが、感覚的にはわからない」**という感覚です。

「生きていて良い」「存在して良い」という最低限の安心感も得られなくなってしまったのは、過去の危機的な出来事に対して、辛く苦しくなり、しかし、生き延び、「防御」に成功したので「生理的報酬」が生じたからです。**「防御」の方法が苦しいものであった場合、**（たとえば、悲しむ、泣く、死を望む、憎むなど）、**その辛**

く苦しい気持ちが定着します。そして、その後も、日常生活の「刺激」に対して「反応」として、その辛さと苦しさが再現されるのです。セラピーで辛くなった現象をイメージで進めて、最後に平安な現象のイメージで終わらせると、過去の辛かった体験に原因する不安は相当程度治ります。

ただし、たった一度カタルシスに至ることで治るのは軽症例に限られます。重症例は、第3章で書くことにしている「条件反射制御法」の脳トレで、カタルシスを何度も反復させる必要があります。カタルシスも「刺激」に対する「反応」です。

「条件反射制御法」では、ＰＴＳＤの治療も行っています。性虐待など、過去に過酷な体験を持つ患者が、当時の体験に関連する「刺激」が入っても、不快な「反応」が出なくなるまで「反射」の作動性が低減するように脳トレを行います。重症例は生じる「反応」も強いので入院による治療にならざるを得ませんが、その効果は早く、強く出るとのことです。

交際相手の些細《ささい》な嘘《うそ》が許せず、相手を責め続け、嫌われ、ストーカーになった男性のセラピーを紹介します。エンプティ・チェア（空の椅子）のセラピー（椅子に座った自分の向かいに、一脚の空の椅子を置き、そこに、自分が話したい相手がいると想定して対話する。また、相手の椅子に座り、相手になったと想定して自分に話をするセラピー）をすると、隣近所から金を借りるだけ借りて返さない母親が椅子に座っているイメージが出てきました。男性はその母親に向かって「人を騙《だま》すな」となじりました。すると身体を丸め、「ごめん」と謝る母親が見えました。その姿に向かって、男性は「もういいよ、母さん」と言いました。そして目を開け、セラピーというイメージの世界から現実のセラピールームの世界に戻って、大きく息をつきました。それまでの「防御本能」の「反応」だった攻撃欲求は消えていました。

セラピーの前は、男性は嘘をつく母親のことが辛かったと言いました。子どものころ、母にまつわる近所との摩擦を体験し、苦しい状況に対して男性の「第一信号系」は激しく作動し、母を責める気持ちが生じ、その後、生き延び、「生理的報酬」が生じることが反復して、嘘を起点にして最終に母を責める気持ちが生じる「反射連鎖」が定着したのです。

そのために、母親から受けた**嘘という「刺激」と同様の「刺激」を交際中に女性から受け、激しく「反応」して、女性を責めることを反復**していたのでしょう。

これはセラピーでは「投影」と呼んできた現象の一つだと思います。私もそのように呼んでわかったつもりになっていましたが、その「投影」のメカニズムにも「条件反射」が関わっていたのです。

セラピーでは、まずは、母親という「刺激」に対して、嘘をつくことが思い出され、「反応」として苦悩が生じました。そこで攻撃的になり、責めたのですが、母親は弱く、危険ではなく、謝罪し、ことは平穏に終わりました。「生理的報酬」は生じず、従って、嘘をつく者を激しく責める行動を司る「反射連鎖」の作動性は低減したのです。

二度目のセラピーでは男性はイメージで元交際相手を呼び出し、「俺は正直に生きるよ。さようなら」と言いました。元交際相手の間で生じた「刺激」を体験し、しかし、何も起こらない体験、つまり、「生理的報酬」のない体験をしてもらい、「反射」を弱めました。

二回にわたるセラピーの後は、その男性は女性に対して攻撃的になることはありませんでした。

もう一つセラピーを紹介します。その男性は、「プライドを傷つけられた」と上司を恨み、上司の弱みを探し出して攻撃していました。カウンセリングで上司に悪意がなかったことを理解したのですが、恨みが消えません。

その男性は中学生のときに先輩から虐めを受け、辛い思いをし、しかし、生き延び、「防御」に成功して「生理的報酬」が生じたことを反復しました。虐めという「刺激」に「反応」して辛い思いが生じる「反射」が定着していたのでしょう。

そのために、現在でも、虐めに近い指導のような言葉を受けると、それに「刺激」され、辛い思いが「反応」として生じ、攻撃に転じていたようです。

そこで、イメージを使って過去に残してきた恨みを探しに行くセラピーをすることにしました。目を閉じると先輩に虐められ、怯え、虚勢を張る中学生の自分が出てきました。男性はゆっくりとそばに寄り、名前を呼び、「俺が守ってやるからな」と言いました。すると、涙がにじんできました。そして目を開けて、何もない平穏なセラピールームに戻ってきました。

セラピーで、まずは自分が体験した危機をイメージします。過去の危機的な状況からの刺激を受け、辛い気持ちが「反応」として生じたのですが、それらを安全な環境で行ったので、「生理的報酬」は生じませんでした。従って、虐めのような指導という「刺激」に対して、「反応」が生じる「反射」は低減しました。セラピーの後は、中学生のときに先輩に虐められたときにあった刺激に類似した「刺激」に出合っても、「反射」は作動しなくなり、**プライドの鎧《よろい》をつけて人と諍《いさか》いをすることはもうありません**でした。

症状がそれほど重くなく、しっかりと「第二信号系」で考え、意識を「イメージ」という無意識との境界線に移行する力のある人は、たった一回、あるいは数度のセラピーで相当に改善します。催眠セラピーの効果も同様の機序であると言えるでしょう。

セラピーを受ける機会が見つからない人は、自分でセラピーをしてみることも可能です。

たとえば、静かに目をつぶり、幼い頃の自分に会いに過去の自宅などをイメージします（途中でとても苦しくなったら、深呼吸してイメージから離れ、セラピーは一旦、やめます）。

そこに小さな自分を見つけたら、そして、その子が寂しい様子だったら、そっと近づき、「私は一番安心できる未来の君だよ、お兄さん（お姉さん）だよ」と伝え、「こちらにおいで」と誘います。

やって来たら抱きしめ、身体ごと胸の中にぎゅっと入れてあげます。その胸の中には子どもの自分が安心できる温かな雰囲気の部屋を用意します。インテリアにも工夫し、おもちゃやゲーム、本、ぬいぐるみなどに囲まれ、子どもの自分は喜ぶはずです。

そうして「ここにいていいんだよ」と声をかけ、あなたは静かに目を開けます。そのときからあなたの胸の中には子どもの自分がいて、毎日あなたは子どもの部屋に行き、子どもと遊びます。夜、寝るときは布団をかけてあげます。

こうして過去に、自分が体験できなかった、のびのびと行動して、それが受け入れられ、守られることが続く安全地帯を子どもの自分に体験させるのです。
この作業を通じて、あなたの「第一信号系」は周囲のいろいろな「刺激」を受けても、それらに対して特別なことをしない、落ち着いているという「反応」が条件付けられる方向に進みます。二週間程度でセラピーと同様の効果が生じます。

私はこのセラピーを用いてストーカーを初めとする様々な「ハマり」に対応してきました。ところが、セラピーをもってしても対処できないほど強力に条件付けられた「ハマり」に対処する手立ては、それまでは世界のどこにも見当たらない状況でした。ゲシュタルト・セラピーと同様に海外から導入された各種のセラピー、日本で開発された療法においても、そうした症状になった原因の探求や治療技法の構成において、進化の観点からヒトの行動原理を捉えて考えるという視点が欠落しているために、症状を正しく読めなかったり、また、効果も限定的だったのです。

一方、「条件反射制御法」は各種のセラピーの効果をヒトの行動原理に照らし合わせて整理、説明することを可能にすると思います。セラピストが、セラピーで脳内に起きることを理解できれば、決定的な革新がセラピーの世界にもたらされると考えます。

そして、「条件反射制御法」の技法を使い、この本のテーマである、罪を犯してしまうほどではないけれど、日常において本人や他人を困らせる「ハマり」は自分で治すことができる、という朗報をお伝えできるのは私の喜びです。

第3章

「くい打ち」で「ハマり」を止《と》める

「習慣」という「条件反射」を制御する

カウンセリングが「第二信号系」に働きかける「対話」であるのに対し、**「条件反射制御法」は「第一信号系」に働きかける**「作業」、つまり「脳トレ」です。その技法に効果があるのかないのか疑いながらやっても、効果は変わらずに出ます。疑うというのは「第二信号系」の作用ですから、望まない「癖」や「習慣」の神経活動が生じないようにする「第一信号系」の「脳トレ」に強くは影響しません。もちろん、「信号系学説」を理解し、受け入れ、「作業」をすれば、一生懸命するでしょうから、結果はより良いものになります。

実は、平井医師から「ストーカーを治します」とメールをいただいても、最初は信じられませんでした。それまで精神科医から**「ストーカーは病気ではない、**

治せません」と、さんざん言われてきたからです。精神科医の世界では、精神病は主に「判断能力の障害」と「気分障害」となっているようで、「わかっちゃいるけど、やめられない」という「行動制御能力」の障害は精神病ではないという見方が大勢のようでした。ストーカーと一緒に病院に行っても、「治療対象ではないので、警察に行ってください」と言われることがほとんどだったのです。

ともあれ、疑心半分で下総精神医療センターを訪ね、「条件反射制御法」について説明を受けました。脳には二つの中枢があること、恋愛型のストーカーの脳で起きている理屈を教えられました。「第一信号系」は異性を見て生殖本能が作動して接近行動が始まるが、「第二信号系」は評価し計画する社会的な「計画する脳」なので、対象の異性が拒否の様子を見せれば距離をとろうと考える。ところが「第一信号系」が強ければ行動制御は不能となり、時に破滅的な行動にも至るのだと。その「第一信号系」の活動を訓練によって弱くし、あるいは中断させ、最終的に行動制御を可能にするのが「条件反射制御法」だという説明を受け、私は全く新しい世界に導かれる気持ちになりました。「第二信号系」が司る思考様式や世界観と関係なく、最も危険な段階のストーカーに対しても「条件反射制御法」は効く、と聞いて興味を持ちました。

一方で、条件反射をもとにしていると聞いて、効果はないのではないかとも思いました。その思いの原因は、パヴロフの信号系学説が、後の研究者たちにより、本来のものから大きくはずれて伝えられ、その誤ったものを私が条件反射だと思っていたからでした。簡単に言うと、パヴロフの条件反射という言葉から、ベルの音を聞いたら唾液《だえき》が出るように訓練された犬を思い出し、条件反射とは単に自律神経に限られるもののように誤解していたことでした。勉強し直すと、パヴロフの信号系学説とは、進化とヒトの行動について論じたものであり、非常に理に適っていることを知りました。

さて、話を戻します。平井先生から、説明を受けた後、**「さあ、ストーカーをどんどんと連れてきてください」**と言われ、絶句しました。平井医師の患者は主として薬物やアルコールの使用障害（過剰な摂取反復）、万引き、ギャンブル、放火、摂食障害と多岐にわたるのですが、ストーカーの患者はまだ一人もいなかったのです。私は不安を抱きながらも平井医師の自信に満ちた顔を思い出し、翌週に出会ったストーカーの女性に治療を勧めることにしたのです。

彼女は、ある作家をネットで知り、作家と少しのやり取りをしたのち、作家に「ハマっ」てしまったストーカーでした。地方から頻繁に上京し、作家の自宅を特定、押し掛けて警告を受けていました。私が被害者からの依頼を受けて彼女と会うと、「先生（作家）と会いたくて仕方ない。私が悪いことはわかっています。でもやめられない。先生は私の神様なんです」と声を震わせて泣き、私が勧めると入院を即決しました。

三カ月後、彼女が退院したときに迎えに行き、私は驚きました。彼女はケロリ

とした顔で、

「そういう人もいたって感じです。関心はなくなりました。神様？　今は砂粒くらいかな。顔もあまりはっきり思い出せないくらいです」

と言ったのです。

カウンセリングによりストーキングをやめることができた人の言葉は、「つきまとわないと決めました」とか「感情のコントロールをします」といったものが多いのですが、彼女の言葉には**決意表明はなく、努力なしの解放感**がありました。

以来、私は二十名を超えるストーカーたちを「条件反射制御法」の入院治療につなげてきました。退院後も簡単な脳トレである「維持作業」をしないといけないのですが、治らないから治療を継続するのと、治っている状態を維持するために作業をするのとでは大違いです。**さぼらなかった人で再発した人は、今まで、いません。**被害者への関心が落ちると脳に空き容量ができるためか、全員が復職、再就職、復学をしました。カウンセリングでは焼け石に水で、ストーカーたちを日々監視するほかなく、大海をさまよっていた私は、着くべき港を見つけたのです。

悪い習慣に「くい打ち」

条件反射制御法の「作業」は大きくは二つに分かれます。「くい打ち」と「空振り」です。この本では主に「くい打ち」を皆さんに紹介します。

「くい打ち」とは、条件付けられた「反射連鎖」にストップをかける「くい」を作り、それを打ちこむ「作業」のことです。具体的には、**ある動き（＝刺激）**を作り、その動きをした後は「ハマっ」てしまった行動をしないという事実を作り、これを計画的に反復します。するとストップ信号である「くい」が出来上がります。このとき、動作には言葉（キーワード）もつけることにします。

手順としては、

①まず、「ハマり」行動を意識する
②次に、「ハマり」行動を司る神経活動の一部が開始する
③と同時に、動きと言葉（キーワード）の刺激を大脳が受ける
④この後、「ハマり」行動を取らない時間を作る

という順番です。

たとえば、人を見ればつい悪口を言ってしまうという「癖」を治したければ、「私は今、人の悪口を、言わない、大丈夫」と言いながら、**胸に手を当て、離して拳《こぶし》を作り、その後、親指を拳に握り込む等の、簡単で特殊な動き**をします。

これをすることで「ハマり」行動を意識、その神経活動の一部が作動し、大脳が刺激を受けます。この言葉付きの動作を「制御刺激」と呼びます。

初めのうち、「制御刺激」をすると大脳は刺激を受け、「ハマり」の行動に向かって「第一信号系」の反射連鎖が作動します。しかし、「制御刺激」は意識的に行っているので、その「ハマり」の行動を成功させません。失敗させるのです。

定着していたある行動を司る「反射連鎖」を作動させ、しかし、失敗させることを反復するのです。そうすると、失敗する行動は進化を支えないので、徐々に弱まっていきます。そのうち、「制御刺激」をすると「ハマり」行動が止まる合図となります。つまり**「ハマらない」条件付けができます**。以後は、「ハマり」行動への「欲求」が生じても、条件付けされた「制御刺激」をすることで「欲求」が数秒で消え去るようになるのです。

「ハマらない」条件付けをする「制御刺激」の言葉と動き

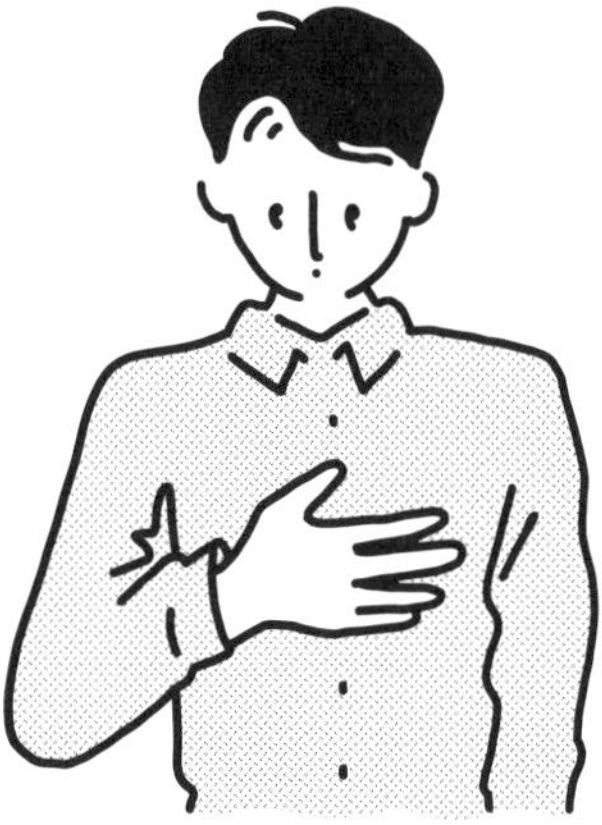

1

私は今

2

○○○○は

3

やれない、大丈夫

一日二十回×二週間で「ハマり」が消える

信じられないかもしれませんが、一日に二十回以上、この「作業」をすれば、ほとんどの人は二週間ほどで、「制御刺激」とその後の「反応」が脳に条件付けられます。一日二十回という回数をカウントする方法ですが、食事の度、寝る前の、一日四回ほど、前回の累積の後に行った「制御刺激」の回数を思い出して、累積してください。私はクライアントに必ずその日の回数をメールで報告させます。そうして確認しないとなかなかできない人もいるからです。

一日二十回、「制御刺激」を行うわけですが、「制御刺激」と次の「制御刺激」まで、二十分以上の間隔をあける、というルールがあります。

つまり、前ページのイラストで示した「私は今、〇〇〇〇はやれない、大丈夫」

を一回とカウントし、この行為を一回行うごとに、二十分以上の間隔をあけ、計二十回以上、一日で行うのです。

平井医師によると、この時間間隔を何分にするかが当初の課題だったそうです。平井医師は犬の調教を解説する本で、主人からお座りの命令を出された後、主人がその場を去っても、良い犬は三十分は命じられたお座りを続けるということを読み、その情報を基に、人間は一つの刺激を受け、その反応としての行動が継続されるのは二十分程度であろうと考えたそうです。

それは、おそらく、犬よりヒトの方が、三百万年前から忙しい人生を送ってきているから、一つの刺激で行動する時間は、犬よりヒトの方が少し短めになっているのではないかと考えたと言うのです。

平井医師は、実際に二十分間隔で患者さんに「制御刺激」を反復してもらい、効果が十分に生じたことを確認して、二十分と決めました。「条件反射制御法」は脳トレですから、いろいろな訓練を回数を決めて行います。その技法の中で平井医師が使っている回数は、二、五、二十、二百です。続けることが大切ですから、覚えやすくしているそうです。

「くい打ち」には「言葉」が重要

再条件付けは犬の調教と同じで、「第一信号系」への働きかけですから、「制御刺激」は、本当は言葉がなくても「くい」は成立します。とはいえ「第一信号系」と「第二信号系」は影響し合うため、適切な言葉を付けることで「第二信号系」が「第一信号系」に信号を送り、効果が高まります。言葉は「制御刺激」をする際に声に出しても良いですし、頭の中で思うだけでも良いです。

「制御刺激」の言葉の選択にはポイントがあります。

①「ハマり」行動をやめたいという希望や誓い、念じるものにはしません。

「私は今、飲みに行きたくない、大丈夫」とか、「私は今、○○さんを追いかけないようにしよう」とか、「私は今、キレませんように」はダメです。

②「制御刺激」の言葉は、自分が「ハマり」行動ができない環境にいることの確認、少なくともそれをしていない事実を確認するものにします。

たとえば、「私は今、飲みに行かない、大丈夫」。ストーカーならば、「私は今、○○さんを追わない、大丈夫」「私は今、キレない、大丈夫」「私は今、○○さんを気にしない、大丈夫」「私は今、○○を殺さない、大丈夫」「私は今、一人でも、大丈夫」などです。

③もっともドキッとする「言葉」を探し、キーワードに選びます。ストーカーならば、対象者の名前を入れます。「私は今、女性を追わない、大丈夫」よ

りも、「私は今、A子さんを追わない大丈夫」とした方が効果があります。「A子さん」と呼んだだけで最初はドキッとしたり、身をよじるほどに苦しくなったりしますが、「制御刺激」が「くい」として成長したら次第に何も感じなくなります。

④「第一信号系」内で起きる望まない神経活動、たとえば「心配になる」「気になる」ということに対抗するためには、「心配でない」「気にならない」という事実を作らなければなりません。それには、ほっとしている時間を見つけて「制御刺激」をすることです。

たとえば、ご飯を食べた後や綺麗《きれい》な景色を見ているとき、友達から優しい言葉を言われたとき、犬と散歩しているとき、などです。より確実にほっとした時間を作るには、ほっとすることを書き出し、覚えておいて、「制御刺激」の後にそれらを思い出す方法があります。

⑤「制御刺激」の言葉には必ず「私は」を付けます。それによって周囲がどうであっても、周囲に左右されず、自分は「ハマり」行動をしない条件付けが出来上がります。

⑥「制御刺激」の言葉には「今」をつけます。「制御刺激」は、遠い未来にわたって「ハマり」行動を抑制するためのものではありません。「制御刺激」をした後の二十分間だけに「ハマり」行動が生じないことを確実にするためのものです。

「今」という言葉を入れることで、「欲求」が生じても我慢すれば良い時間は限られることになるので、「ハマり」行動をやめるのは難しくないという安心感が得られます。そして「制御刺激」の言葉は事実になるものだと信じられるという「第二信号系」の安心した状態の神経活動が「第一信号系」に送られて、「制御刺激」の成長を促進します。

「今」は永遠に効果を発揮する言葉です。

⑦「制御刺激」の言葉の最後には「大丈夫」を付けます。「大丈夫」という言葉は安堵感を生じさせることが多い言葉だからです。

それは、この言葉が、過去、私たちを大切に思う人から、精神的安定を与えようとして発せられ、何度も聞いてきた言葉であり、「第一信号系」に対して精神的に安定した時間の始まりを知らしめる言葉（＝刺激）として組み込まれているからです。

「くい打ち」するときの約束事

「制御刺激」をするときは、いくつか約束事があります。これらに留意して、ぜひ行ってみてください。

①「制御刺激」をするときは必ず目を開いて行ってください。そうすることによって、見たもの全てが「ハマり」行動をしない時間の始まりを知らしめる合図となります。

大きな強い「くい」は自分が持つ言葉と動作の「制御刺激」ですが、目を開けて「制御刺激」をすることで、そこら中に「ハマり」行動を止める「くい」を作っておくのです。生きる環境を「くい」だらけにするのです。

ですから、「制御刺激」は目を開けて、様々な場所で行いましょう。朝起きた布団の中、通勤途中、職場、レストランの中、犬との散歩、お風呂場《ふろば》……。

②職場、通勤途中など、人のいるところでは大きい「制御刺激」はできません。

そういうときは、小さい身振りにしてやるようにし、「制御刺激」の言葉は口の中で小さくつぶやいてください。

③「くい」を成長させるためには「制御刺激」を一日二十回という数を満たすのが理想で、そのためには「制御刺激」は、「欲求」があるときにも、ないときにも行います。

「欲求」があるときは「ハマり」行動の反射連鎖がイキイキと作動しているので、その興奮した反射連鎖を失敗させ、進化を支えない現象を生じさせることで「制御刺激」の成長を促進します。

また、「欲求」がないときも「制御刺激」を行えば、「ハマり」行動の反射連鎖はわずかにですが作動して、「欲求」がない状態に戻ります。いずれも「制御刺激」の後の二十分間は「ハマり」行動をしないため、「生理的報酬」が生じず、「反射連鎖」は低減します。つまり、「制御刺激」は成長し、強くなります。

④「制御刺激」と次の「制御刺激」まで、二十分以上の間隔をあける、というルールがありますので、「制御刺激」を行った後、二十分間は「ハマり」行動を促進する「刺激」は避けないといけません。ところが、ふいに「欲求」が生じて「ハマり」行動を考えたり、他の人との話やテレビ番組に「ハマり」行動に関係することが出てきたりすることがあります。

最終の「制御刺激」をしてから二十分経っていないため、「制御刺激」はしてはならず、他の方法で「第一信号系」に「ハマり」行動の実現は不可能だという神経活動を送らなければなりません。

その方法は、「制御刺激」の言葉だけを言うか、思い浮かべ、そのような行動をしてはならないと考え、「第二信号系」が頑張らなければなりません。

また、「条件反射制御法」の「体験の書き出しと読み返し」作業（過去の良かったこと、辛かったことを百話ずつ書きだし、後に一話読んだらその話に出てきた物体を順序良く二十単語書き出す作業を、書き出した話全てを用いて延々と反復するもの）で書き出した、ほっとすることを、思い出すことも効果的です。これは「第一信号系」の他の反射を用いる対応方法です。

あえての「空振り」でとどめを刺す

「条件反射制御法」は「くい打ち」を第一法としたときに「空振り」と呼ばれる第二法があり、この二つの技法を柱として成立しています。

第二法は、「ハマり行動」が自傷や他害につながるほど危険で強い場合には必《ひっ》須《す》ですが、そうした状態の場合は、入院などの閉鎖環境がベストですが、一般社会の中であれば十分に安全対策をして行う必要があります。もちろん、「ハマり」の種類が危険とまではいかないものであっても、第二法を取り入れることで高い効果を生みます。

第二法は、「ハマり」行動をあえて計画的に行い、しかし、最後は「生理的報酬」を獲得しないという「空振り」を反復する作業です。すると、「ハマり」行動を司る「反射連鎖」の作動性、つまり「欲求」そのものが低減していくというものです。「条件反射制御法」では「疑似」の作業と「想像」の作業でこの作業をします。

たとえば、覚醒剤を静脈注射で摂取していたなら、疑似物質で真似《まね》することを理解した上で、塩等の白い細粒を覚醒剤に見立てて、注射器でその水溶液を作り、やわらかい偽の注射針を皮膚に当てて、静脈注射の真似をします。

そのような「疑似」、あるいは「想像」を一日に二十回を目指して行います。

初めは「疑似」や「想像」の作業に反応して、自律神経、気分、動作の全てで激しく「反応」が生じることが多く、動悸《どうき》や高揚感、「欲求」が生じます。時には「ハマり」のときの光景が見えます（こうした重度の方が「疑似」や「想像」をすると、生じた衝動、欲求に突き動かされて「ハマり」行動に向かって反射の作動が強く起きる可能性があり、危険です）。

しかし、「疑似」であり、「想像」であるので「生理的報酬」はありません。従って神経活動は、進化を支えない不適応行動に終わるわけです。それを反復するので「ハマり」行動を司る「反射連鎖」が抑制され、徐々に低減し、最後には「刺激」を受けても「反応」しなくなり、「ハマり」行動への「欲求」は消えます。

「疑似」や「想像」をするときに気をつけなければならないことがあります。絶対に「生理的報酬」を生じさせてはなりません。だから、「疑似」や「想像」で欲求が生じたときにも、絶対にやめたい行動をしてはならないのです。しかし、我々は、**「第二信号系」の頑張りを簡単にあきらめさせる恐ろしい言葉を知って**

います。それは、「まっ、いいか」です。この言葉を使えばなんでも許されるという安心した時間が始まります。楽なことを選びたいとき、「ハマり」をやめたくないときによく使う言葉です。「第二信号系」のちょっとした頑張りを反復することで、「第一信号系」を平穏に保てますが、一回、一回の「まっ、いいか」の反復が「第一信号系」を太刀打ち出来ない強大な中枢に成長させるのです。この言葉「まっ、いいか」は使わないと決めるのが良いでしょう。

第2章で、私がストーカーに対して何百回となく言い分を聴くだけで、自然にストーカーの被害者に対する接近欲求が低減したと書きましたが、その理由は「空振り」にありました。つまり、被害者本人でない私に対する連絡は、「生理的報酬」のないストーキングの「疑似」や「想像」に当たるのでした。

「くい」を育て、大きくする

何度も「生理的報酬」を獲得した「ハマり」行動は、「制御刺激」による「くい打ち」と、「疑似」と「想像」による「空振り」で一旦、抑制されても、放置されれば「反射連鎖」は回復し、「ハマり」行動は再び生じるようになります。その理由を平井医師は論文の中で次のように書いています。

第一信号系は約38億年前の生物発生に起源を持ち、宇宙に浮かぶ地球で、その自転軸と公転軸のずれによりめぐる季節の影響を受けながら、発達したものである。つまり、ある季節において防御、摂食、生殖のいずれかに成功し、生理的報酬の獲得を反復した行動は、後に不成功の反復により抑制される。同時に、他の行動が活躍し始める。その後、季節は変化し、元の行動を司る反射連鎖は、それに対する刺激がなくなるので、放置される。1年近くを経て、翌年に同じ季節がめぐってきたとき、元の行動を司る反射が、放置されていた間に回復していた群が、再びめぐってきた季節に応じた行動を他の群より早く開始し、生理的報酬の獲得に成功し、生き延び、現生の動物として存在する。つまり、現生の動物は一時期、活発に作動した反射連鎖は、抑制されても、放置されれば回復する性質を持つ。

ヒトもその性質を持つ。従って、条件反射制御法には標的の行動を司る第一信号系の反射連鎖より第二信号系を優位にした後、その状態を維持するためのステージを設けている。(『医療の広場』反復する行動(9－3)条件反射制御法1)

そこで、治った状態を「維持」するための作業を行います。「くい打ち」と「空振り」で「ハマり」が終わった後、しばらくは(一生のこともある)、「制御刺激」を一日五回、「疑似」「想像」は一日、二回してください。「制御刺激」や「疑似」

「想像」の「刺激」を入れ、「生理的報酬」を生じさせないことを続けるので、「ハマり」行動を司る「反射連鎖」は抑制されつづけ、作動性は回復しないままで過ぎていきます。

第4章

「悪い習慣」から卒業した人たち

第3章まで読んでいただき、「ハマり」の仕組み、「制御刺激」の「くい打ち」効果について、ご理解いただけたと思います。第4章では「ハマり」行動への「欲求」を消すことができた人たちの事例を紹介します。

「条件反射制御法」はシンプルな治療技法ではありますが、「制御刺激」の言葉の作り方、「制御刺激」を実行するタイミングの作り方、「制御刺激」の回数の報告方法など、一人一人の事情に合わせ、ケースバイケースにならざるを得ません。一人一人のオリジナルな治療技法であると言えるでしょう。楽しんで自分を治すオリジナルの「制御刺激」を作ってほしいと思います。

ただ、なかなか難しいな、と感じたときは、「条件反射制御法」を行っている医療機関や団体に連絡して相談されることをお勧めいたします。ヒントをくれるはずです。さらに、「制御刺激」だけでは治るのが難しい重篤な「ハマり」については、「疑似」による「空振り」と、「体験の書き出しと読み返し」をするのが望ましいので、やはり相談をしてください。重篤な「ハマり」の体験談を、本書の最後に参考資料として載せましたので、是非、お読みください。

事例①

ヘビースモーカーAさんの場合（30代の男性）

Aさんは、十年前から一日一箱程度、タバコを吸ってきました。何度もやめようと思ったのですが、「明日からやめよう」と自分に言い訳しては、やめられないままです。タバコを吸う行動は、始めのうちは「第二信号系」が司っていました。しかし、タバコを吸った後には、タバコの薬理作用で「生理的報酬」が生じます。つまり、タバコを吸うという行動を「第二信号系」が生じさせて、その後に「生理的報酬」が生じ、反復したことで、「第一信号系」にタバコを吸う行動を司る「反射連鎖」が定着したのです。最終的に、タバコを吸う行動は「第一信号系」の「反射連鎖」により司られるようになったのです。

Aさんは、テレビで覚醒剤に「ハマっ」た人を治療する下総精神医療センターが取り上げられているのを見て、タバコも「条件反射制御法」で治せるかもしれないと考えました。「条件反射制御法」について調べ、「条件反射制御法」で喫煙をやめたいと、私のところにやって来ました。Aさんは入院という絶対にタバコを吸えない環境にいるわけではないため、「制御刺激」の言葉が「僕は今、タバコを吸えない、大丈夫」では本当のことではなく、それを言っても「第一信号系」に対する「第二信号系」の作用が弱いと私は考えました。そこで、「制御刺激」の言葉を「僕は今、タバコを吸わなくても、大丈夫」にしました。簡単な動作をつけて「制御刺激」を完成させ、「制御刺激」の間隔を二十分以上にして反復することにしました。また、喫煙はまだやめなくてもいいけれど、「制御刺激」の後は最低二十分はタバコを吸わない事実を作ることを心がけるようにしました。

Aさんは、こうして「制御刺激」をしていましたが、まだ朝と晩に二本くらいずつタバコを吸ってしまっていました。それでも、三、四日くらいで「吸わなくても、大丈夫」が「リアルに感じられてきた」と言いました。

そこで、四日目からは、朝、目が覚めたと同時に布団の中で「制御刺激」をすることにしました。すると、起きると同時に感じていたタバコを吸いたい欲求が減り、「制御刺激」の累計が三百回を超えた十二日目には、夜もタバコを吸いたいと感じなくなりました。仕事のストレスが強い日は、吸いたい衝動が湧《わ》き出るのですが、「制御刺激」をすれば衝動が治まると言いました。そして、一日の始まりから終わりまでタバコを吸わなくなっていました。

十四日を超え、回数を五回に減らすとともに、Aさんは積極的に「疑似」作業を始めました。具体的には、短くなった鉛筆をタバコに見立て、暇があれば吸う真似をしました。「制御刺激」をしない時間に「疑似」を一日二十回、「第二信号系」でわざと、タバコを吸う真似をしました。本当は吸っていません。それでも、吸う真似から「刺激」を受けて、タバコを吸う行動を司る「第一信号系」の「反射連鎖」は作動しました。しかし、吸っていないので「生理的報酬」は生じていないのです。そのことを何回も反復させたのです。

定着していた「反射連鎖」で司られた行動が生じた後、「生理的報酬」が生じなければ、「ハマり」行動を司る神経活動は低減します。「疑似」を始めて十日後には、Aさんのタバコへの欲求はほぼ完全になくなりました。以後は、「制御刺激」と「維持」を一日五回、継続しています。それらの作業を頻度を減らして継続することで、作動性が低減したままの状態、つまり、欲求を感じない状態が維持されるのです。

タバコなどの嗜好品《しこうひん》に「ハマっ」ているなら、「私は、今、○○をしない、大丈夫」の「制御刺激」を、その行動をしない時間を作り、実行します。一日二十

回を目指します。回数が二百回以上になる頃、欲求が低減してきたら、回数は五回に減らします。

事例②

甘いものがやめられないBさんの場合（20代の女性）

Bさんは教員をしています。母親がケーキ作りが大好きで、物心がつく頃にはホットケーキやプリンを毎日食べるという環境にいました。ところが、中学生になったと同時に、母親は糖質制限を始め、突然、ケーキ類を家で作ってもらえなくなりました。仕方ないので、Bさんは学校からの帰路に、コンビニで売っているケーキを買い、母親に見つからないように食べるのが「習慣」になりました。母親に隠し事をしている気兼ねから、会話も表面的になり、高校生になると話をほとんどしなくなりました。

社会人になり一人暮らしを始めましたが、やはり勤務先からの帰りにコンビニに寄って甘いものを買う「習慣」は変わりません。甘いものを食べてから、一休みし、おもむろに食事の支度をするという生活ですが、食事が美味《おい》しく感じられないので、徐々に食事の代わりに甘いものを大量に（ケーキなら四つくらい）食べて終わりにすることも増えました。

初め、Bさんが私のところに来たときは、別のことでの相談でした。

憧れの男性に告白しようとしたら既に付き合っている人がいることがわかり、以来、具合が悪いということでした。「あきらめれば良いのに、あきらめきれず、ツイッターを毎日チェックして、痛みを感じるものの、やめられない」のでした。

「彼が付き合っている女性に自分は到底かなわないから辛い、憎しみに捉われてしまっています」とBさんは泣きました。

エンプティ・チェアのセラピーをし、イメージで出てきた彼と付き合っている女性と話をすると、Bさんは「本当は私が彼と付き合いたかった、あなたには消えてもらいたい」と言いました。次に相手の女性にイメージでなったとき、自分に向かって「私は消えない、でも、あなたが魅力的になって、彼に告白して、彼があなたを選んだら消えてあげる」と言いました。

セラピーの後で、私が「さっぱりした女性ねえ、知り合いなの？」と聞くと、「はい、彼女は高校時代の友達なんです。さばけた人で、皆から好かれていました。私も嫌いではありませんでした。最近はメイクも服装もセンスが良くて、旅行代理店でフリーランスの通訳をしているのです」とため息をつきました。

「彼女に『魅力的になったらどうか』と言われたけれど、何を感じました？」

と聞くと、「惨め、悔しい、私は甘いものを食べているときだけが幸せなダメな女なんですもの」と、涙をボロボロとこぼします。この一連のやり取りから、Bさんの甘いものへの「ハマり」がわかりました。

「甘いものの『ハマり』がやめられたら、自分を好きになると思いますか？」と聞くと、「少しはなると思います」との返事。「少し好きになったら、何をしたいですか？」と重ねて聞くと、「スポーツかな。行きたいところもあるので旅行かな」とのことでした。

次のセラピーでは、Bさんはイメージで中学生の頃に返り、母親が、ケーキを作ってくれる優しい母から、ケーキを作らず健康に気を付けるように厳しく言う母に変わって、とても寂しかったことを体験しました。Bさんは、甘いものはケーキを食べさせてくれた優しい母の代替であり、食べることで優しくかまってもらったときの充足感を得ていたことに気づきました。

「私は母の態度が変わったことを、まだ受け入れられていないのかもしれません。少し恨んでもいるようです」と言いました。「まだ子どものままですね。甘いものに執着するのは、もう本当にやめたいと思います」とBさんは言いました。

母親に対してわだかまりの感情が生じることがあったことに気づいたBさんは、その原因も理解しました。それでも母親とは現在、ほとんど自然に付き合えていると言います。セラピーによるたった一度の再体験によりわだかまりの原因となっていた「第一信号系」の「反射連鎖」が大きく低減し、「第二信号系」も原因を理解したのです。ますます母親とは良い方向に向かうだろうと判断しました。あとは、甘えたい欲求を満たす代替だった甘いものを食べる行動を生じさせる「反射連鎖」を抑制することが主な作業になりました。

私はBさんに「制御刺激」を一日二十回、二週間するように課しました。「制御刺激」の言葉は、「私は今、甘いものを買わない、食べない、大丈夫」です。

開始三日目まで、Bさんはコンビニに寄らなかったのですが、四日目に寄り、甘いものを買い、食べてしまいました。

「私は意思が弱いんでしょうか」と電話がかかってきましたが、「違いますよ、まだ『くい』ができていないから、以前の『反射連鎖』が作動しちゃったんです。その日、何か変わったことはありましたか？」と聞くと、「その日は、勤務先で失敗をして、上司にひどく叱《しか》られました」とのことでした。

「嫌なことはストレス要因になって、『第一信号系』を過剰に刺激して作動させます。気分の落ち込みなどのストレス反応は抱えたまま帰宅しないようにしましょう。叱られた後は、気分が落ち着くまで散歩したり、ウインドーショッピングしたりしてから、家に帰るのが良いでしょう」とアドバイスをしました。

Bさんがスリップ（後戻り）したのは四日目だけでした。八日目には、「不思議に、甘いものを食べたいとは思わなくなりました」という報告があり、十二日目になると、「また勤務先で嫌なことがあったのですが、帰り道で『制御刺激』をしたら、コンビニに立ち寄らずに通り過ぎることができました」と伝えてきました。

十二日目のBさんの神経活動は次のようだったと考えます。職場でストレス要因があり、「刺激」となり、「第一信号系」が活発になりました。その神経活動が今まで何回も「生理的報酬」を生じて太くなっていた、甘い物を食べる「反射連鎖」に流れ込み、その「反射連鎖」が作動し始めました。おそらくBさんは落ち着かない気分になり、これはいけないと思ったのでしょう。食べないでおこうとBさんの「第二信号系」は考え、「制御刺激」をしたのです。そうすると、甘い物を食べる「反射連鎖」は動かなくなったので、コンビニの前を通り過ぎることができたのです。

Bさんは順調に改善していたので、十四日目からは、回数も一日五回に減らしました。コンビニに寄っても甘いもののコーナーを苦もなく通りすぎることができるようになっていたからです。以後は、「制御刺激」を五回するという「維持」

作業を継続しつつ、スポーツジムに通い始めました。憧れの男性に告白するかどうかは、「少し、頑張ってみてから決めます」とのことでした。

（Bさんは「疑似」をしないでも欲求が抑制されましたが、重い摂食障害の人は入院し、「疑似」と「想像」の作業をします。過食症であれば、食べ物のサンプルを用意し、食べる真似をします。最初は、サンプルだとわかっていても、唾が湧いて出てくるそうです）

特定の食べ物への「ハマり」は、軽症であれば「制御刺激」で相当な程度に対応できます。ただその後が大事です。世の中には食べ物の「刺激」があふれていて、それに反応して食べすぎると、再び食べすぎる「反射連鎖」が成長していきます。そうすると、再び「ハマり」の状態になります。治ったところで気をつけることが重要です。

ストレス要因から「刺激」を受け、どうしても気分転換できないときに効果が

あるのは「体験の書き出し」です。その日の嫌な出来事をシナリオのように書き出して、それを十回読み返します。嫌な気分や怒りはだんだん低減します。何回目かで一気に小さくなることもあります。十回目には、なんでこんなことで嫌な気分になっていたのだろう、怒っていたのだろう、この問題は私が原因でなく、あの人が原因で、あの人が社会的に逸脱した行動をとったのだ、私は嫌な気分になったり、怒ったり、恥ずかしがったりする必要はないのだというふうに考え始められるようになります。

事例③

暴力で失敗するCさんの場合（40代の男性）

Cさんが私のところに来たのは、ある女性をストーキングし、警察から警告されたタイミングでした。

「俺は女性とはいつもダメになるけれど、彼女だけは続いた。だから、離れられなくなったと思う」と言います。女性とダメになる状況を聞くと、「軽蔑《けいべつ》されている気がするようになるんですよ。上に見えてくる。すると何やら怒りが湧いてきて、思わず殴ってしまったりする」とのこと。「だけど、その女性は殴っても去っていかない、貴重な存在だった」と振り返りました。

「彼女は本当は怖くて、だからこそ我慢していたんです。それは警告を受けたことで明白ですね」と指摘すると、「えっ、ああ、そうですね」と気がついたかのように言いました。

聞けば、Cさんが暴力を振るうのは女性に対してだけではありませんでした。「相手が部下でも、友達でも、母親でも、一人のときでも、衝動的に暴れます。だから部屋の中はいつもめちゃくちゃ」とのことでした。

どんなときに衝動が湧くのか聞くと、「思い出すんですよ。ふとしたときに。忙しいときや仕事に熱中しているときは忘れているけれど」とのことで、それは子どもの頃の出来事でした。

「家に金がなくて、親に命じられて、隣の家に食べ物をもらいに行かされたんだよね。夜、隣家の玄関口に立つときの光景が、隣家の人に頭を下げて食べ物をもらう光景が頭に浮かぶんだよ。すると、急に耐え切れなくなって衝動的にモノや人に当たっているんだ」とCさんは暗い顔つきで話しました。

セラピーで子ども時代の自分に会いに行き、現在に連れてこようと提案しましたが、「怖くてそこへは行けないです」と、Cさんはセラピーを受けることに抵抗しました。

Cさんは「制御刺激」を始めました。「制御刺激」の言葉は「俺は今、軽蔑されない、攻撃されない、大丈夫」でした。ほっとしているときに一日二十回二週間、続けます。「自分は軽蔑される人間だ」という「思考」が生じたのは、「第二信号系」の理性より「第一信号系」の「反射連鎖」が強く作動して、意識される「思考」がゆがんだものになったからでした。そのようなゆがんだ「思考」による低い自己評価に「ハマっ」てしまった人に、いくら「あなたには価値がある」と、本人の美点や長所に目を向けさせても、効果はありません。

「第二信号系」の作用で新たな「思考」を持たせようとしても、長年作動してきた「第一信号系」の「反射連鎖」の作用が強くて、「第二信号系」は負けるのです。新しい「思考」を持つには、低い自己評価をする「思考」を進める「第一信号系」の「反射連鎖」を弱めることが必要です。悪い「反射連鎖」を開始させるけれど、平安な気分で終わらせ、悪い「反射連鎖」の作動性を低減させるのです。あるいは、彼の場合のように自分が望む新しい「思考」を「制御刺激の言葉」にして、ほっとする時間を選んで「制御刺激」を反復すると、過去の「反射連鎖」である望まない思考の「癖」が抑制され、自由な新たな思考を持つことが可能になるのです。

二週間後、「信じられないくらいに楽になった。ずっとこれをやっていくことにした」とCさん言いました。そして、「制御刺激」を一日五回、今も継続しています。

衝動的に暴力を振るう人は、暴力を受けた経験があり、その恐怖を知っている

人でもあることが多いのです。「私は今、暴力を受けない、暴力しない、大丈夫」という「制御刺激」の言葉が効果的でしょう。

事例④

うっかりミスが多いDさんの場合（20代の男性）

Dさんがある学校の清掃の仕事を始めて一年が経《た》ちました。生活のためと思ってしてきた仕事でしたが、学生たちに「ありがとう」とお礼を言われて、楽しくなりました。不満はいろいろありますが、本腰を入れて頑張るようになりました。

Dさんはとても真面目《まじめ》な性格です。毎日、学生が引けた後の教室を十二室と廊下を清掃するのが仕事で、床を掃き、ゴミを集め、机やイスを拭《ふ》きます。教室は別々の階や建物にあり、仕事量も多いので、なるべく効率的な動きをするように心がけています。

ところが、最近、上司に叱られることが時々起きるようになりました。というのは、ゴミを集め忘れることがあったり、教室をまるまる一教室清掃し忘れることが起きるようになったからです。「プロならプロらしくやれ」と叱られ、自分を責めるようになりました。仕事に行くのが辛くなり、休みがちになり、上司からカウンセリングを勧められて私のところに来たのです。話を聞くと、こういう、うっかりミスは以前の職場でもあったとのことでした。工場内のリサイクル部門で廃棄物を仕分ける仕事でした。複雑な仕分け作業も慣れてくると誰よりも早くできるようになったのですが、あるとき、とんでもない間違いをしました。産業廃棄物を一般廃棄物として仕分けしてしまったのです。大きな問題になりDさんはいづらくなり、退職し、今の職場に移ったのです。

「仕事の覚えは早くて、少しすると目をつぶってもできるようになるのですが、そうなると、今度は大きなうっかりミスをしてしまうんですよね」と、Dさんは首をかしげます。「あなたは優秀で仕事は一旦成功します。でも、業務に習熟して『目をつぶってもできる』という言葉通りになってしまうのが問題ですよ。仕事をする『動作』が条件反射的に作動するようになると、本来「第二信号系」で行う注意をさっさと乗り越えてしまうくらいになります。つまり勝手に身体が動いちゃうんですよ。それでうっかりミスは起きるのではないかと思います」と私が言うと、「確かに勝手に手が動いたりしていましたねえ」と考え込んだ顔をしました。

その翌日から、Dさんは私の指示に従い、あえて、ゴミを集めない場所を決めて、残すということを始めました。もちろん、最後には取って返してゴミを集めるのですが、仕事をしている間は緊張し、Dさんはとても「目をつぶって」はいられなくなりました。否が応でも意識的に仕事をするようになりました。その作業を週に一度くらいするようになってから、Dさんはうっかりミスをしていません。

ヒューマンエラーを避けるには、業務時間以外の時間を使うなどして、意識的にミスする練習（＝疑似）を時々、することが予防になります。注意を乗り越えて作動する「反射連鎖」の作動を弱めて、注意ができるようになり、仕事も円滑にできるくらいに仕事への慣れをコントロールすることでヒューマンエラーに対応するのです。

事例⑤

なんでも先延ばしにするEさんの場合（40代の女性）

私の知り合いのEさんは、人に何か頼まれても、いつもギリギリまでやりません。たとえば、犬のキャリーカートを組み立ててほしいとお願いしたことがありました。しかし、一カ月経っても音沙汰《おとさた》がなく、状況を聞くと、「まだやっていないのよね。でも大丈夫。使う日まで三日もあるじゃない」と言います。三カ日後、私は犬たちを載せて、Eさんとお花見に行こうと予定しているのです。ひと月の間、早くカートの出来上がりを見たい私はソワソワしています。でも、Eさんはギリギリまでやってくれません。

予定の前日、Eさんは不機嫌そうにカートと共にやって来ました。「ああ、大変だった。こんなに大変とはねえ。ネジが一つ見つからなかったし」。ネジが足りないのは困るのですが、なんとか形状は仕上がっています。

お礼を言うと、「ごめんね、もっと早くやっていたらね。ネジがないのも追加注文できたし。私はいつもギリギリまでやらないのよねえ。いや、やろうとしてもできないのよね」と言います。

「子どもの頃の宿題なんかと同じように、今も仕事はギリギリに仕上げている。こういうのって失敗の元だってわかっているのだけど、やめられない。ゆとりをもって早めに済ませる人が羨《うらや》ましいのよね」と言うEさんは頑張り屋で、能力の高い人です。なまけたりしない人で、締め切りを破ることはまずないのです。

Eさんは「私は終わってしまうのが寂しいのかもしれない。お祭りとか、旅行の終わりが苦手なんだよね。だから、やらないのかも」と言い始めました。「スケジュールが空っぽになるのが不安なの？」と聞くと、「そうかも」とのこと。

Eさんは近寄りがたい雰囲気もあって、気安く話しかけてくる人がいないのです。家族もつくらず、少し、孤独を抱えて生きてきました。

部屋はとても綺麗にしています。褒めると、「妄想だけど、ある日、素敵な人と出会って、そのまま家に来るってことがあるかもと思っているのよね」と恥ずかしそうに話していたのを思い出しました。

先延ばしにしていることで、他者との関係をつなげているのかもしれない、と想像した私は、「先延ばしの癖を治して、心をすっきり風通し良くすると素敵な人に気づいたりするかも」と言ってみました。Eさんは、「そんな気がするけど、そういうのって治るものなの？」と関心を示しました。翌日から「制御刺激」を始めました。「制御刺激」の言葉は、「私は今、ため込まなくても、大丈夫」です。

効果は三日目に出ました。「いつもは仕事が目に入ると『明日でいい』と反射的に遠ざけていたのに、昨日は、『今、してもいいよ』って、もう一人の自分が言ったみたいに感じた。だから、『そうね』って自分も言って、自然に取り掛かれたのよ」と報告がありました。十日が過ぎ、Eさんは、「仕事を延ばさなくても大丈夫になったみたい。不安もないし。新しい趣味を見つけるね」と言いました。

先延ばしする人や、遅刻癖のある人は、さっさと処理することや到着することに抵抗する「反射」が定着していることが少なくありません。「私は今、済ませてしまっても（終わらせても）、大丈夫」や、「私は今、早く会社に着いても、大丈夫」の「制御刺激」をします。

事例⑥

連絡を先延ばしにするFさんの場合

（50代の男性）

Fさんは柔道の道場の事務員です。試合の手配と選手たちへの連絡業務が主な仕事です。が、その連絡がギリギリまで来ないので困るという苦情が多くて、社命でカウンセリングにやって来ました。Fさんと話すと、先延ばしにする傾向はあると認めつつも、「理由がないわけではない、連絡する以上は完璧《かんぺき》な内容にしたい」という思いが強いことがわかりました。「すべての段取りが確定しないと、情報は止めるようにしている」と言います。「準備期間が大事なんですね」と私が言うと、「仕事は段取りが命です」とFさんは胸を張ります。Fさんは、以前は工事現場で働いていたと言います。

「生煮えの情報は出せません。段取りが遅れるのは、私のせいではなく、能力のない周囲のせいなんですよ」と言います。「それでも、まず、大づかみに知らせないといけない情報もあるでしょう?」と聞くと、「やはり、精度が落ちますからダメですね」とのそっけなさ。

Fさんが情報発信を先延ばしにするのは、仕事(段取りと情報)は完璧でないとダメだという考えに「ハマっ」ているからでした。

少し雑談した後で、「『現段階では、このようになっています』と、不十分な情報だと前置きして発信するというのはどうですか?」と振ってみると、今度はFさんは、「それができないんですよ。そういう器用なのって私はダメなんです」と困った顔をしました。

「途中経過を知らせることも大事です。状況はいつも揺らいでいるのですから。

揺らぎはあって当然。建築物だって揺らぎを持たせているでしょ？　全ての事柄に完璧はないのですから。情報が揺らいでいても、『まだ未確定ですが』という言葉にして選手たちに伝え、経過もその都度伝えていくのが良いと思います」と話すと、「そうでしょうが、自分の性格もあるので、変わらないでしょうね」と言うので、「性格が変わるのではなくて、完璧でないとダメという『ハマっ』た考えと行動を変更するだけですよ、変更したいですか？」と聞くと、Fさんは仕方なさそうに頷《うなず》きました。

Fさんの「制御刺激」の言葉は、「私は今、完璧でなくても、大丈夫」です。

一日二十回が宿題ですが、毎日メールで報告してくる回数は完璧でした。「本日、一日二十回しました」の文言が一週間、連続しました。

そこで、私は「二十回の日は報告しないで記録だけしてください」とお願いしました。完璧な報告を私にするという「達成」をなくし、「空振り」の効果を狙ったのです。つまり、完璧な報告という「達成」がないので「生理的報酬」が生じず、完璧な報告をする神経活動は抑制されます。また、一日十九回以下の、彼にとっては不完全な日もあえて作らせ、そのときだけは報告してもらうことにしました。

後半の一週間はFさんからの不完全な報告ばかりになりましたが、私は「報告、ありがとうね！」と必ず、返事をしました。不完全な報告に対して感謝され、「生理的報酬」が生じるのを狙ったのです。「生理的報酬」が生じると、そこに至る行動は定着します。ひと月経つと、「完全じゃなくても連絡することに躊躇《ためら》いがなくなりました！」という報告が来ました。

完全主義や、白黒をつけずにはいられない人は、「私は今、完全でなくても、グレーのままでも、大丈夫」などの「制御刺激」が効きます。

事例⑦

人と交わるのが苦手なGさんの場合（10代の女性）

高校生のGさんは、小学五年生のときに海外から帰国したのですが、転入した小学校の同級生たちから、虐められる体験をしました。それから「嫌われてはいけない」という思いが先立ち、常に相手の機嫌を取るようになりました。中学生になっても、友達との会話は、どこで笑ったら良いのか、どんな反応を示したら周囲から浮かないかと、常に意識しないといけないので疲れてしまいました。

そんなGさんでしたが、自由な校風の高校に入ると、Gさんが英会話が得意なこともあってか、どういうわけか、黙っていても友達が寄ってくるようになりました。Gさんは学校でリラックスできるようになりました。

ところが、ある日の朝、クラスメートと高校の入り口で会いました。いつもなら、おはようと声をかけるのですが、そのときは考えごとをしていて、そのクラスメートから声をかけられたにもかかわらず、そっけなく頷いただけで通りすぎてしまいました。その日を境に、Gさんへの周囲の対応に変化が生じました。Gさんが「付け上がっている」という噂《うわさ》が流れたのです。そっけなくされた生徒は、Gさんに少し嫉妬《しっと》をしていたので、ここぞとばかりにGさんの気に入らない点を挙げつらねて周囲に言いふらしました。オセロの盤が一気に形勢を変えるような変化が起きました。誰一人としてGさんに近寄ろうとしなくなったのです。今までとの落差にショックを受けたGさんは、不登校になりました。

Gさんは、小学校から中学校までは、他者を怖がり警戒するという「反射」が定着していたのですが、高校に入り、安全な環境でその神経活動は抑制されていました。ところが、一気に環境は危険になり、以前の神経活動が復活したのです。心配した教師が自宅を訪れ、「噂はそのうち治まるから」と、登校を促しましたが、こうなるともう身体が動きません。不登校が続き、今度は学校の顧問弁護士の訪問を受けました。弁護士からは、相手の生徒との和解を提案されました。「相手の生徒も今は反省しているし、仲良きことは美しきかな、で、私も立ち会いますから仲直りしましょうよ」と諭されました。それに対して、Gさんは、はっきりと「私は彼女が怖いし、嫌いです。仲良くなりたくありません。無理です」と返事しました。

Gさんの母親は、「娘を転校させようと思っていますが、転校先でも虐められるのではないかと心配です」と、私に相談しました。

Gさんは私に会うと、「人が怖いけれど、だからといって嫌いな人に遠慮し、低姿勢で付き合うのは絶対に嫌です」と言いました。「よくわかりますよ。無理に好きになったり仲良くしたりしないでも良いです」と私は返事をし、「制御刺激」で対応することにしました。

「制御刺激」の言葉は、「私は今、人に嫌われても、大丈夫」です。Gさんは最初、「えっ、言いたくないです。怖いです」と言いましたが、「試しに言ってごらん」と勧めると、こわごわ、声を出しました。すると、不思議そうな顔をして、「こうなれたらいいなあと、今、思いました」と言い、その日から、家にいて、楽しい時間、ほっとする時間に一日二十回、することにしました。すると、十日も経たないうちに、「本当に私は私で良いと思えるようになりました。一人でも大丈夫だと思えるようになってきました」と報告がありました。

私は新たに、Gさんに「私は今、○○さんを嫌いでも、大丈夫」の「制御刺激」を追加しました。半月後、Gさんは「嫌いな相手とも普通に接することができるような気がしてきました」との報告をくれました。

そして、「元の高校に戻っても良いけれど、新たな環境で、新たな刺激を受ける方が良いと思う」との私のアドバイスを聞いて、転校しました。

嫌われることが怖いときは、「私は今、嫌われても、大丈夫」の「制御刺激」をしましょう。嫌っている相手と普通につきあいたいときは、「私は今、○○が嫌いでも、大丈夫」の「制御刺激」をしましょう。好きな相手に嫌われ離れないといけないとき、嫌いな相手と離れたいのに言い出せない、そんなときは、「私は今、○○さんと離れても、大丈夫」の「制御刺激」をします。

事例⑧

褒めらないとイライラする彼に悩むHさんの場合（30代の女性）

Hさんは一年間付き合った恋人と別れようかと悩んでいました。

「自慢話が多く、その都度褒めないとイライラして、怖い。褒めるのに疲れました。恋人は人の好き嫌いが激しく、一旦、嫌いになると徹底してその人の悪口を言い、私が同意しないと、同意するまで食い下がるので、しぶしぶ同意するのも嫌になりました。彼は職場でも嫌いな人と喧嘩《けんか》になることが多く、挙句転職することすらあり、将来も不安です。両親に会わせることも躊躇います」

「周りのほとんどの人のことを『ダメな奴《やつ》』と言います。いつも上から目線なんです」とHさん。Hさんは、一旦彼と離れて、私が連絡窓口になることにしました。慌ててやって来た彼は、「そんなことに悩んでいたとは。あいつもダメな奴だな」と言いながら、「そんなに自分は褒められたがっていたかなあ。それをやめたら彼女は戻ってくれますか?」と聞きました。「わかりませんが、やるしかないでしょう」と、私は彼がセラピーを受ける時間がないということから、「制御刺激」で褒められたい欲求を落とすことを提案しました。

「制御刺激」の言葉は、「私は今、褒められなくても、批判されても、無視されても、大丈夫」です。「これで治るんですか?」と彼は怪訝《けげん》そうにしていましたが、とにかく実行しないならば、Hさんは戻らないと突き放すと、私の目の前で数回練習するうちに、「なんだか解放感がありますね」と言い、その二週間後には、「もう、自慢しないし、自慢話を無視してくれても良いってHに言ってください」という電話がありました。

新しい思考は、新しい気分と共に定着します。「制御刺激」は、最初、ピンとこなくても、とにかくやることが大事です。信じなくても、やれば「第一信号系」に変化が生じ、「第二信号系」がより自由になり、気分も変わり、「思考」に反映されます。

事例⑨

あがり症で人前で話すのが苦手なIさんの場合（30代の男性）

メーカーの支社で営業をしているIさんは成績が優秀です。半期ごとに行われる本社での発表会には、毎回、支部を代表して出席するのですが、全員の前で発表をするのが大の苦手です。一対一で会話するのは平気なのに、八十人も集まるとあがってしまいます。友人の結婚披露宴で話をしたときも、思い切りあがってしまいました。

友達には、「見られていると思わないで、見ていると思って話せばいいんだよ」と言われ、上司からは、「自意識が過剰なんだよ。話す目的を意識しろ」と指導されます。Ｉさんは私に、「わかっているけど、できないのですよ」と困り顔でした。

「思考」を正しても、決意をしても、それだけでは「ハマり」は治りません。私は「人前であがる条件反射を、あがらない条件反射に変えましょう」と、「条件反射制御法」を提案しました。「私は今、あがらない、大丈夫」の言葉と簡単な動作を合わせて「制御刺激」を作りました。その「制御刺激」を、まずは一人で絶対にあがることのない状況で行います。その後、他の人がいるところでもあがることのない状況で行うのです。その「制御刺激」を、一日に二十回、二週間行いました。その後、Ｉさんは会議当日を迎えました。「あがると思っていたのに、皆の前に立つ直前に『制御刺激』をしたら、すっと落ち着きました」とびっくりした声で連絡がありました。

「あがる」「過去にこだわる」「将来不安」「人の悪口を言う」など、やめたいのにやめられない思考の「癖」は、「防御」の「過剰な作動」です。「制御刺激」は、必ず安全を感じられるときに行うことからスタートし、その後、行う状況を広げていきます。

事例⑩

スマホを手放せないJさんの場合（20代の女性）

Jさん（元業務用スーパー店員）は、職場で出会った食肉卸会社役員（40代後半）と三年前に結婚しました。夫からの相談でした。

「結婚して妻には仕事を辞めてもらいました。子どもも早く作りたいし、家庭のことをしっかりやってほしいからです。ところが一年くらい前から、妻はスマホばかり見るようになり、私が帰宅しても話もしなくなりました。まるで手からスマホが生えているように放すことがなくなったのです。

何をそんなに見ているのか聞いてわかったのですが、妻はある占い師のブログにハマっているのです。日々刻々と記事がアップされ、それを見ています。妻自身もコメントを頻繁にしていて、占い師から返信をもらったこともあると自慢します。同じブログを閲覧している人間たちともやり取りし、楽しくて仕方ないと言います。中には嫌なことをコメントする人間もいるそうで、やりとりが炎上するのを防ぐためにブログを見張り続けているというのです。また、占い師はツイッターもやっていて、日常生活を垣間見《かいまみ》られるとかで、占い師がどこに行ったとか、何を食べたとか、追いかけているのです。

私が寝た後もスマホを見ているので、睡眠時間は四時間もなくなっています。家事はおろそか、私との外出もしぶしぶで、元気に外出するのは会員の交流会だけです。ここまで来ると私も猜疑心《さいぎしん》が出てきて、スマホにハマっているだけでなく、占い師と浮気でもしているのではないかと疑ってしまったところから、夫婦仲は険悪になってしまいました。そういう事実はないようです。とにかく妻は、ネットの世界で生きているとしか言いようがないのです」

ネットを見ることがやめられない状態に陥った人の急激な増加は目を見張るものがあります。新しい情報が飛びかい、飽きることのないネットの世界、孤独な人間にとっては直ちに大勢の友人ができるのは魅力です。面倒な人間関係は切ろうと思えばすぐ切れるというのもメリットです。しかし、そこに「ハマって」しまったら、現実世界との関わりは希薄になり、孤独は深まります。問題を引き起こし、事件の被害者や加害者になる危険性もはらんでいます。

オンラインゲームに関連したツイッターやラインに「ハマっ」て成績を落とす中高生、ラインのＩＤを交換する掲示板や出会い系サイトでのトラブル、フェイスブックの「イイネ！」を求めて投稿に「ハマる」若者、ストーカーのやり口も、別れた交際相手の写真や動画をＳＮＳを通じて拡散したり、本人になりすまして援助交際を求めるなど、変化をもたらしました。

もともと現実世界に不全感があり、ネットの世界に救いの場を見出《みいだ》したのだとしたら悪循環です。

彼はJさんに「家事をしてほしい、ネットをする時間を制限してほしい」と頼みました。Jさんも「確かに悪いと思っている。少なくとも二人でいるときはスマホは見ないことにする。家事の時間を決めてその時間はスマホはしない」と約束しました。でも、その約束が果たせたのは一日だけでした。日常生活のリズムを正すことはすぐには無理だったのです。

私はJさんと会いました。Jさんには深刻な雰囲気はなく、フランクな感じで話しました。

「申し訳ないと思っています。でも、どうしてもブログとツイッターは見てしまうのです。スマホを手から放すと焦り始めてイライラし、苦しさが凄《すご》いんです。始めたきっかけは暇だったからです。仕事を辞めたら友達もいなくなり、身が持たなくなりました。家事はそんなに好きではありません。人生をどうしようかと悩み始めたときに占い師のブログを読んだんです。すると、私のしたいことはこの占い師が知っているという気持ちになりました。それを教えてもらいたくてネットで占ってもらったのです。すると占い師から、まずは勉強しろと言われ、会員になりました。ブログは毎日読みます。会員たちとの会話は本当に楽しくて、占い師との縁だけは大事にしなければという気持ちです。夫のことは二の次になりました。でも離婚はできません。離婚して仕事をしないといけなくなるとスマホの時間がなくなってしまうからです」

「でも、ご主人は、あなたが変わらなければ離婚したいそうですよ。そのように伝えてほしいと言われました」

と伝えると、

「えっ、本当ですか、困ります。お願いです。今度こそ、スマホは適度にすることにします。離婚しないでほしい」

と、うろたえました。

スマホから離れる時間を作ること、とにかくここからです。その時間に「制御刺激」を行い、スマホをする「反射連鎖」を止める「くい」を作るのです。しかし、スマホを手から放したとたんにイライラが始まり、スリップが起きるのは目に見えています。以前、スマホをタオルなどで何重にも縛り、ガムテープで巻いた人がいましたが、どうしても我慢できずに二十分もかけてスマホを取り出しました。ですので、スマホができない環境を作り、「私は今、スマホをしない、大丈夫」、または「私は今、スマホができない、大丈夫」を「制御刺激」の言葉にして、「制御刺激」を反復しなければなりません。

スマホができない理想の環境は精神科病院の閉鎖病棟に入院することですが、Jさんは抵抗があるというので、生活スタイルに工夫をしました。具体的には、映画館、水泳スクール、フラワースクールに通うことです。そこにいる間はスマホができません。こうして起きている時間のうち六時間はスマホと離れることができました。「制御刺激」は六時間で十八回きっちりやります。加えて、朝起きたときと寝る前に一回ずつすることにしました。

最初のうちは夜がなかなかできませんでした。それでも十日後には、彼が「寝よう」と言うと、Jさんはスマホを手放して「制御刺激」をして、寝られるようになりました。「なんだか妻がとても素直に見えて、嬉しかった」と彼は言いました。「制御刺激」が「くい」として出来上がってきたことの表れですが、同時に、スクールで友人ができたこと、映画をいろいろと観て、人生は運命のように決まったものではないことを知ることで、スマホに「ハマっ」たそもそもの原因の孤独感、不満、不安が解消されていったこともあると推察できます。

三週間後、Jさんは占い師を追いかけるのをやめ、いろいろなサイトを見るようになり、彼も同じサイトを見てJさんとの会話が増え、夫婦仲も改善、Jさんはなんでも彼に相談できるようになりました。

ただ、彼はJさんの「ハマり」が戻るのではないかという不安が残りました。ついついJさんの様子を伺い見たりするので、Jさんは嫌な気持ちになります。彼の猜疑心はJさんのストレス要因になります。

そこで、彼には「私は今、妻がスマホを見ても、大丈夫」の言葉の「制御刺激」をやってもらいました。その後、「スマホに振り回されない夫婦に戻れて、本当に良かった」と彼は言いました。

スマホの過剰な使用が止まらないときは、スマホを持つことが絶対にできない環境と時間をあえて作り、「私は今、スマホができない、大丈夫」の「制御刺激」を一日二十回、二週間行います。

事例⑪

アイドルへの追っかけがやめられない
Kさんの場合（40代の男性）

Kさんは、友人と二人暮らしです。四年くらい前から、ある芸能人の追っかけを始め、だんだんとやめられなくなりました。きっかけはテレビでした。Kさんは次のように言いました。

「僕は○○さんの可愛いながらも根性のある顔立ちに惹かれ、彼女がインスタグラムを始めると同時に、自分も始めました。月に三回ほどメッセージを送りました。僕はスーパーで品出しのアルバイトをしているのですが、就業中も時々、スマホを見てしまい、上司から叱られます。するとイライラして、彼女に長文のメッセージを送るようになりました。メッセージを送るとなぜか気分が治まるのです。今では叱られなくても、毎日、メッセージを送っています。メッセージだけでなく、コンサートにも頻繁に出かけますが、資金が足らず、友人に合計で十数万円を借りました。こんなに熱心に何かをしたことは初めてです。それが彼女にも伝わっているようで、最近の彼女のＳＮＳの投稿を見ると、僕へのメッセージではないかと思えることが書いてあるのです。嬉しかったので友人に話したら、『冷静になれ、お前と彼女には何も関係がないのだぞ』と言われました。言われてみれば確かにそうだなと思い、もう彼女を追いかけるのはやめようとするのですが、すぐに追いかけたくなります。彼女も多分、僕が離れたら寂しいでしょう。でも、はっきりとそう告げられたことはありません。友人が言うように、彼女はまったく僕のことを意に介していないのか、あるいは僕からのメッセージを必要に感じているのか、自分でもわからないのです。同居している友人から『小早川さんのところに行け』と言われてきました。こんな僕はストーカーでしょうか」

私が、「ご友人は、とてもあなたのことを大切に思っているように思います」と言うと、Kさんがまた話をします。

「友人と言っても実はイトコです。小さい頃から何かと自分をかばってくれる存在です。というのは、僕は小さいころから他人が気になってしまう癖があり、加えて翌日起きることが不安で仕方がないという子どもでしたから、友達もできなかったし、今もいません。大学まで行ったのですが、就職活動が心配で三年で中退しました。それからはアルバイトを転々としてきました。今の品出しのアルバイトは自分に最も合っていると思います。缶詰やカップ麺を、整然と正面を向けて並べる綺麗さはお目にかけたいくらいです。彼女は、まさにそういう僕を励ましてくれていると思います。彼女の歌詞が僕にぴったりですから。小早川さん、僕はストーカーではないでしょ？　でも、先週、ついに上司から『仕事中にスマホを見てるのはルール違反。辞めてもらうかもしれない』と言われてしまいました。仕事をなくしたくないので、できれば仕事中だけはスマホを見ないようにしたいのです」

Kさんは、「生殖本能」が作動して、芸能人の○○さんにメッセージを送りました。その行動は正常な範囲内です。しかし、「ストレス要因」が生じたときにメッセージを送ったことで満足感を得て、反復するようになり、メッセージを送る「反射連鎖」が成立しました。それが「過剰な作動」を起こし、メッセージを送ることをやめられないという「行動制御能力の障害」を持つ状態になったのです。

ただ、もともと「不安症」らしき病態があり、加えて最近では、「妄想」かもしれない「判断能力の障害」もあるようです。「第一信号系」の作動により思考がゆがめられているとも考えました。後に精神科に受診させるようになる可能性もあるとも考えられました。しかし、他の話題では思考は完全に正常でしたので、対処は「第一信号系」のメッセージを送る「反射連鎖」の作動性を制御することにまずは焦点を絞ることにしました。Kさんの「第二信号系」の理解力はしっかりしていて、「条件反射制御法」について説明すると、理解し、「そうですか、SNSを見なくてもイライラしないで済むのは嬉しいです。僕が求めていたのはこれです！」と嬉しそうな声を出しました。

「制御刺激」の言葉は、「僕は今、○○さん（芸能人）のSNSを見ない、メッセージを出さない、大丈夫」にし、これを一日二十回することにしました。スマホは仕事中はロッカーに入れることにしました。どうしてもSNSを見たくなる朝と、仕事の終わった時、そして昼休みの三回だけは見ても良いことにしました。そのときは十分に彼女の投稿を見ても良いと。ただし、投稿を見ていてメッセージを送りたくなったときは、メッセージを書いても彼女には送らず、私にメールで送るようにと指示しました。「擬似」による「空振り」を狙ったのです。「えっ、小早川さんに彼女宛のメッセージを送っても意味がないですよ」と言うKさんに対し、「あなたが治ったら、私が預かっていたメッセージを、全て、彼女に送ります。『私はカウンセラーですが、私のクライアントのKさんが○○さんにメッセージを書きました。量が多いのでご迷惑かと思い、内容に問題がないものをチェックし、私の責任において、お送りさせてもらいます』と断りを入れて、一つずつ、彼女の負担がかからないように、送りましょう」と返事すると、Kさんは「わかりました。では、それでも良いです」と了解しました。

その日から、毎日、Kさんから彼女宛のメッセージが私に送られるようになりました。二十回の「制御刺激」の報告もちゃんと来ました。二週間後、Kさんはやって来て言いました。「少しですが、彼女のSNSを見ないでも良いかなという感覚になっています。不思議ですが」。私に届けられた彼女宛のメッセージについて質問すると、「それは、彼女の投稿が桜の花が綺麗だっていうものだったので、実は僕も桜が大好きなんで、多分、彼女は僕を意識して投稿してくれたのかなと思いました。だから、『ありがとう、僕と同じ気持ちだってわかりました』と書いたんですよ」と答えました。

その二週間後、つまりKさんは「制御刺激」と「疑似」を二十八日したわけですが、私のところにやってきて言いました。「今思うと、僕は変なことを書いていますね。もう、小早川さんにメールしないでいいですか。馬鹿みたいです」「〇〇さんに直接メッセージしたいのですか？」と聞くと、「いいえ、もうしません。以前ほど好きではなくなりましたから。SNSも、あまり見たいと感じなくなってきました」と言います。「仕事中、スマホを手放してもイライラしないですか？」の質問には「それは大丈夫です」でした。

以後、Kさんはやめたいと言いましたが「制御刺激」を五回、「疑似」も継続しました。毎日、二度だけ、彼女宛のメッセージを私に送ってもらいました。ただ、内容は非常にシンプルで、あいさつと、頑張ってねといった励ましのワンフレーズだけになりました。そして、月に一度のカウンセリングでは、仕事の話と趣味の音楽の話をし、楽しい時間を持つことにしました。ちょっとのことで不安になる癖はまだ残りましたが、「妄想」を感じる話は出なくなりました。他者が自分と同じことを考えていると思い込むこともセラピーでは「投影する」と言います。健常な人間であっても起きる現象ですが、「ハマり」が非常に強いと「第一信号系」に「第二信号系」が強力に引きずられ、「第一信号系」の「過剰な作動」による行動を正当化する「思考」へとゆがみます。高じれば妄想的にもなります。彼の場合は、「第一信号系」の「過剰な作動」が弱まり、自然と「第二信号系」への影響も弱まり、「思考」が正常化したものと思います。

ひと昔前、私はクライアントに、気になることはノートに書いて安心して忘れるという作業を「ノート療法」と名付けて、してもらっていました。恋人と別れたけれどまだ好きで毎日が辛いという人や、告白したいけれど勇気がなくてできないという人に、相手に対する思いを日記帳に綴り、一〜三年後に渡そうということをしました。言いたいことを日記に全て書いて棚上げし、頭に空き容量を作るのですが、とても効果がありました。今、考えれば、「ノート療法」は「条件反射制御法」の「疑似」作業でした。どおりで一年も経つと、日記を書くほどの熱情は消え、日記の存在も忘れてしまう人もいたほどです。実際に日記帳を相手に渡した人はいませんでした。

ところが、最近はSNSが登場し、日記の代わりにツイッターやフェイスブックといった自分のSNSで相手への思いを書くようになりました。すると、相手に対する「欲求」は消えるどころかエスカレートしていくのです。ストーカーがよく言うのですが、相手にメッセージを送信しなければ良いというものではなく、自分のSNSで相手への思いや、悪口や秘密を書いたりするだけで、ますますやめられなくなりますので、私はそこも警告の対象にしてほしいと思っています。エスカレートする理由は、日記と違ってＳＮＳに書くと、相手が読んでくれるかもしれない、そうでなくても、誰かが読んでくれると「第二信号系」が予測し、計画を行いますので、それを実行すると、達成したと「第二信号系」が把握し、「第一信号系」を刺激し、「生理的報酬」が生じ、それを反復すると、相手のことを書くという「反射連鎖」が成立し、その後、その作動を止められなくなるということでしょう。その状態への対応としては、Ｋさんが行ったように、ＳＮＳに書くにしても、自分のＳＮＳに書くのではなく、標的の人以外の協力を得て、その協力者にメッセージを出すことで、「生理的報酬」がない「空振り」を繰り返し、「反射連鎖」の作動性を弱めるのが良いでしょう。もちろん、古風に日記に書くのが一番安全です。

特定の他者への連絡を、やめなければならないのに、やめられないときは、第

三者に協力してもらい、思いを第三者に送信することを半年程度、繰り返します。
すると徐々に特定の他者へ連絡をする「反射連鎖」は抑制されていきます。

おわりに

「ハマっ」てしまった行動や「思考」、それをやめることができたら、痛みが消えたような解放感を得られるでしょう。「ハマっ」てしまった行動（反応）が、他者と軋轢を起こすようなことだった場合、その「反応」の特徴に焦点が当てられて「〇〇パーソナリティ障害」と呼ばれることがあります。しかし、行動は全て、過去の体験によって中枢における「反射」の形が決まり、その「反射」が、現在の環境からの「刺激」に対して生じた「反応」です。つまり、時間と神経活動の流れの川下で生じるものです。顕現した行動でレッテルを張ったりするのではなく、そこに至るまでの流れをさかのぼり、源泉に辿り着き、あふれだす「欲動」を止めること、もしくは流れを変えるべきなのだということを、私は「条件反射制御法」と出会って理解しました。この本は、その理論と手法をわかりやすく解説したつもりです。

けれども、「ハマり」が治っただけで人が幸せを感じられるかというとそうとは限りません。病気が治っても不幸な人はいます。医者の使命は疾患を治すことですが、カウンセラーは、最終的には、クライアントが幸せを感じられるようになることを意図して寄り添います。幸せを感じるとは、難しいことのようですが、端的に言えば、生き生きと、喜びを感じられることに尽きるのではないでしょうか。「感情」が生き生きしてこそ、深い充足感、高度な決断、利他的な行動や配慮ができるのであり、それは健康というだけでは得られないものだというのは、経験上もわかります。「感動（強くて良い感情）」が幸せに直結することは言うまでもないことです。

この本では望まない不快な「ハマり」から解放されることを意図して書きました。そして「条件反射制御法」は「行動制御能力の障害」という疾患の部分を治し、健康に戻してくれます。が、それだけでは不十分なのです。

生き生きとできない人の多くは孤独です。そこで、カウンセラーは治ったクライアントが治る前と同じような孤独な生活に戻らないようフォローをします。少なくとも、「ハマり」以外にも別の問題を併せ持っていたら無視できません。クライアントは、カウンセラーに寄り添われ、「ハマり」以外の問題にも向き合い、徐々に社会性を高めるスキルを身につけ、友人もでき、仕事にも就き、明るい気持ちになったら、生き生きとした喜びの「感情」を感じられるようになっていきます。カウンセラーが寄り添う以外にも、自助グループでのデイケアや、共同生活をしながら仲間と支えあうことで同様の効果がもたらされます。

しぶしぶやっても、「頑張るぞ」と感情移入しなくても効果が出る「条件反射制御法」の脳トレでも、見ていると、やはり納得し喜びを感じながらしている人の方が、また素直に医師と看護師の熱意を受け取りながらする人の方が（真面目にするということもあるでしょうが）、早く強く効果を出しています。人を幸せにも不幸にもする「感情」とは何か、「ハマり」が治っていく現実を目撃していくうち、改めて突き当たらざるを得ない関心事になりました。

「条件反射学説」でいえば、「感情」は、「刺激」に対する「反応」が、「気分」と「動作方向」と「動作駆動」の領域で生じ、その「反応」とそれに対する「第二信号系」による解釈が加わったものです。それを学んだとき、気づいたことは、「感情」における「第二信号系」の役割でした。セラピーはカタルシスの体験に重きを置くものです。そしてカタルシスの後で、好ましい再決断ができるようにセラピストはサポートします。つまり、「第二信号系」の影響力を最大に引き出すサポートをするのです。エンプティ・チェアは、誰のためにあるかというと、サポートをするセラピストのためにあると言えるほどです。少なくとも私はそう考えています。観察しやすいのです。

「条件反射制御法」においても、「体験の書き出しと読み返し」という治療作業でカタルシスが起きます。その治療作業は、過去の良かったこと、辛かったことを百話ずつ書きだし、後に一話読んだらその話に出てきた物体を順序よく二十単語書き出す作業を、書き出した話全てを用いて延々と反復するものです。その反復により、カタルシスも反復され、不安や緊張、周囲への警戒を生じさせた「反射」は抑制が進むので自然と安定が訪れます。

「条件反射制御法」は治療者の関与を少なくしています。ヒトの行動原理を理解すれば自分で治せるという考えです。というのは、ヒトには「第二信号系」があり、その「第二信号系」が治療者の役割を果たせるからです。理論を把握した患者には、治療者は必要ありません。さらに、理論を把握して、自分のことを他者には言いたくない患者は、核心の出来事を自分のためだけに書き出し、カタルシスを体験し、反復して、治っていくのです。実際に、平井医師が勤務する下総精神医療センターの十病棟では、患者による「体験の書き出し」の文を職員が全部読んでいるわけではありません。「条件反射制御法」の決められたステージ進行に従って、職員は必要な観察と激励をして、患者は自分で治療作業をして、脳内で過去から現在までのいろいろな体験をして、治っていくのです。カタルシスを繰り返し体験するのは過酷なことでもあるので、入院という安全な環境でなければできないことでしょう。

セラピーと「条件反射制御法」は、カタルシスを生じさせることにおいて同質です。ただし、一度のカタルシスで治すことができるセラピーのクライアントに比べると、数百回ものカタルシスを体験させる「条件反射制御法」でやっと対応が可能な患者は、はるかに強い「反射連鎖」で、強度な「ハマり」に陥っている人々だと言えます。

読者の皆さんの中には、この本を読まれて、「動物的な脳」の方が「人間的な脳」よりも強いと思われた方もいらっしゃるでしょう。けれど、そのように理解してはなりません。何回も反復された行動、つまり、よく訓練された行動に関して「第一信号系」は「第二信号系」に勝るのです。しかし、そのよく訓練された行動を司る「連鎖反射」の作動性を抑制すれば、その後は、その行動に関しても「第一信号系」より「第二信号系」が勝るのです。そうすると理性的な「判断」ができ、それにしたがって行動の制御が可能になるのです。

先述したロボットの研究も手がける前野隆司氏は、本の中で「『意識』は、エピソード記憶をするためにこそ存在している」「エピソード記憶とは、膨大で多様な無意識の記憶を、自分が行ったこと、注意を向けたことの記憶として処理したものであり、そのために『私』という意識が必然性的に生じた」と書いており、無意識の意識に対する圧倒的優越を主張しています（『脳はなぜ「心」を作ったのか「私」の謎を解く受動意識仮説』筑摩文庫）。その点は「第一信号系」と「第二信号系」をまずは同列とする信号系学説とは異なるのですが、同じ本の中で「感情」を含む「質感」の役割を見事に表現していると思いますので、紹介します。

『クオリア』とは、五感から入ってきた情報と自己意識のように心の内部から湧き出てきた情報を、ありありと感じる質感のことだ」「クオリアとは、個人的な体験に対し、これらの実感を付加し強調するものだと言える。確かに、私たちの思い出―エピソード記憶―を振り返ってみると、感情のクオリアや決断のクオリアが強調されているときに、鮮明な思い出として心に刻まれている。……もし、クオリアがなかったら、私たちの記憶は無味乾燥なまま淡々と流れ、めりはりがないまま膨大なエピソード記憶に流し込まれることになる。……豊かな経験は、未来に反映される。今日は楽しかった、実に悔しい思いをした、悲しかった、という体験は、エピソード記憶され、自分の未来の判断に反映されるから意味がある。これは、言い換えれば、生き生きした体験が未来の自分の判断に反映されやすいように、そのエピソード記憶に鮮やかな色付けをし、強調していることに他ならない。面白いことに、感情・情動は、それを見た他人のエピソード記憶を強調する役割も果たす。……したがって、感情は、自他のクオリアを鮮やかにし、その結果としてエピソード記憶を強調しメリハリをつけるために存在するのだと考えられる。他に必要はない。だから、エピソード記憶のできない生物は感情がないに違いない」

前野氏の言うように、「豊かな経験は、未来に反映され」「エピソード記憶され、自分の未来の判断に反映される」のです。そして、人が人に感動するのは、激しく昂《たか》ぶる「第一信号系」を「第二信号系」が強く作用して制御し、人類を支える方向に両方の信号系の作用が向いた現象を、見たり聞いたりしたときだと思います。2015年5月、品川区大井署の地域課の女性警官が一九〇センチを超える巨漢のストーカーを取り押さえようとし、親指を切断しかねない程の傷を負いました。おかげでストーカーに追われた女性は命を失わずに済みました。にもかかわらず、女性警官は「取り抑えられなかったことが情けないし悔しい」と言いました。このような女性が警察官以外で日本のどこにいるでしょうか。また、駅で線路に落ちた人を助けるために飛び込んで亡くなった人、燃料切れの危険を知りながら冷静に宇宙船を操縦して月面に降り立ったアームストロング船長、人々の幸せを願って即身仏になった僧侶、彼らは「第一信号系」の「防御本能」の作用に対して「第二信号系」の「判断」と「行動制御」を駆使して、生じる「行動」を社会と調和させ、社会に貢献した人です。こういう人は、生き生きとした「感情」をたくさん体験し、それがまた良い「感情」の体験につながり、使命感という最高の「第二信号系」の影響力を持つようになった人に違いないと思います。

良い「感情」を持つには、そして幸せになるには、「ハマり」から解放され、「第二信号系」を正しく作動させ、よりよくする努力が大切なのです。もし、自分が男尊女卑や人種差別の意識、他者を残酷に扱って良いという自己特別視、または酷いコンプレックスなどの不良な「思考」に捉われていたら、「ハマっ」た「第一信号系」の影響を受けて「第二信号系」の理性が負けていることを思い出してほしいと思います。それは「防御本能」の「過剰な作動」かもしれませんし、あるいは「生殖本能」の「過剰な作動」かもしれません。

本書の最後には、犯罪行為に至ってしまったけれど、「条件反射制御法」の治療を受け、完治した二名の方の手記を掲載いたします。これらの手記には最悪の状態から立ち上がる希望があります。「ハマり」の当事者だけでなく、対策を打っておられる方々にも読んでいただきたいと思います。また、本書の監修者である平井愼二医師による条件反射制御法についての論文も掲載いたします。

日本発の、世界が求める治療技法「条件反射制御法」、それを手にして重篤な「ハマり」から日々の小さな「ハマり」まで、つまずきの元を克服できる時代になりました。治療を受けられる機関は、条件反射制御法学会のホームページから見ることができます。

参考資料

「条件反射制御法」で治っていく人たちの中には、体験談を残す人もいます。条件反射制御法学会が会員向けに配信する「∞（無限大）メール」にそれらの体験談を掲載することがあり、皆さんも条件反射制御法学会のホームページでそれらをご覧になれます。その中から二人の体験談を、ご本人の方たちの了解を得て、本書に掲載させていただきます。「ハマり」との格闘の歴史が書かれた貴重な体験談です。

二人の「ハマり」は主に摂食障害と万引きです。その期間も数十年と長いです。読者の皆さんの多くの方は、これほど重い「ハマり」は自分とは関係ないと感じられるかもしれません。しかし、二人の過酷な「ハマり」は高校生のときの軽微な「ハマり」が発端です。「ハマりに」気づくこと、「ハマり」をやめたいと願うことの大切さは本文で書きましたが、二人のように長年「ハマり」を放置すれば、後々、多大な影響が心身と人生に及ぶことにもなるのです。

万引きと摂食障害は、どちらも「摂食本能」の「過剰な作動」による「ハマり」で地続きです。つまり、まず食糧を採集する、持ち帰って、食べるという一連の「ハマり」です。

誰もが、「ハマり」の軌道を進んでいけば、体験談にある「自動運転で暴走している」ように違和感すら覚えなくなることもありうるのです。しかし、「条件反射制御法」の治療を受け、欲求が低減してくるにつれて、「一つ一つの動作に思考を挟めるようになった」とあります。つまり「第一信号系」の「反射連鎖」の作動性が低減してきたので、意識される思考に「第二信号系」の影響力が出てきたのです。「第一信号系」の「反射連鎖」が弱まらないまま「第二信号系」に働きかけるプログラムでは限界があるので、「何かが違う気がしました」という記載にもなったのでしょう。更生プログラムに「条件反射制御法」が広く取り入れられることを念じてやみません。

体験談を読んでいただき、犯罪に至る「ハマり」に気づいたら、「ハマり」治すことが他者のため、社会のためになることも思い起こし、理解していただきたいと思います。「それ」を治すことができるのですから。

「条件反射制御法」体験者の言葉①

私は十六歳で拒食症になり、その後過食嘔吐へと形を変え、もう三十年以上食べ吐きなしではいられない日々を過ごしています。結婚、出産後は、アルコールの過剰摂取も始まり、その頻度と量は増える一方でした。過食嘔吐と同じく、一日たりとも手放すことはできませんでした。そんな自分の情けなさに、拍車をかけるように十五年ほど前から万引きが始まり、微罪処分↓起訴猶予↓罰金刑↓執行猶予付き有罪判決を経て、２０１３年5月に一年の懲役刑と、執行猶予取り消し分の刑一年の二年を科せられて、刑務所に服役しました。刑務所では、自助ミーティングや、マインド・フルネスといった認知行動療法を主体とした「窃盗教育」が導入されたばかりで、対象者は七名に絞られていました。私もそのメンバーに選んでいただき、必死にその療法に取り組み、仮釈放で外へ出しても大丈夫と認められるほどに頑張りました。他にも、月に二回、一時間の単独カウンセリングを受けさせていただき、仮釈放五カ月で２０１５年1月に出所しました。すぐに仕事も見つかり、保護観察を受けながら、粛々と人生のやり直しに臨んでいたのですが、収監中はなかった食べ吐きが、堰を切ったように再開され、万引きも繰り返すようになりました。あれだけ懲りたはずの刑罰と、更正教育は何だったのかと、自分に愛想をつかすほどでした。２０１６年2月に再び逮捕、起訴となり、そのとき、このまま収監されてもまた同じことの繰り返ししかないと痛感し、共に闘ってくださる弁護士先生と医療機関を必死に探しました。

当時は、認知行動療法を取り入れた関東の病院が有名で、そちらでみっちり二日間にわたり診察等を受け、即入院を言い渡されましたが、何かが違う気がしました。いくら裁判に有利とは言え、減刑の手段や、起訴中だからという理由で、その治療にすがるのは自分が納得いきませんでした。既に、刑務所で、その治療は十分に厳しく受けていたからです。その後、自助グループや、回復支援施設、専門家の講演会やディスカッション、ありとあらゆる事柄に東奔西走しましたが、その間に再犯をしてしまい、拘置所に勾留《こうりゅう》され、なす術もなくなりました。起訴されても万引きが止まらず、弁護士の先生に見放されてもおかしくないほどの頻度でしたが、弁護士先生は辛抱強く寄り添い、向き合い続け、下総精神医療センターにつながる手配をしてくださり、保釈されて条件反射制御法に出会いました。最初は、生理的報酬がどういうことなのかさえ理解に苦しみました。自分自身に対する罪悪感が強かったため、これは、意思の問題であると思い、また、「依存症である」という言葉で納得しており、万引き行動を司る反射連鎖を完全に無駄に動かすことができませんでした。万引きという行為にも、自己にも、恥と嫌悪の念を抱いていたので、第一信号系がこんなにも健気に生を支えてきた行動を再現して、私に万引きをさせていたことがわかりませんでした。良かったことの書き出しをしていても、自分の根底に「犯罪者」「罪人」「ずるい人間」という概念が根付いていたので、万引きが第一信号系の作用によるものだと信じることがなかなかできませんでした。リスクの大きい過食嘔吐や飲酒、万引きにはあんなにのめりこめるのに、どうしてこの期に及んでも、条件反射制御法にはのめり込めないのかと自分を責めることも多々ありました。動物は、過去の悔恨や未来への不安と言った時間軸に捉われず、今だけを生き、作用に評価、計画、予測、決断等の機能はなく目的を持たないと言いますが、逆にそうなったら、ヒトではなくなると言い訳をつけて、面倒くさいことから逃げていました。だから、治療が苦しかったのだと思います。

治療期間中にあった法廷で「今までの精神科は、薄紙を剥がすように、私を尊重する治療でしたが、下総の治療は、私の心を突き刺して、投げ倒されるように感じます。この先も、もっと辛いと聞いています。でも、治したいので最後まで治療を受け切りたいと思います」と言ったのを覚えています。実刑判決が下れば、三カ月の治療を待たずして収監の運びになるというとき、私は控訴せずに刑務所へ行こうと考えていたのですが、平井先生は多忙の中、長時間にわたり、私と膝を突き合わせて、丁々発止のやり取りをしてくださり、控訴してでも治療を受け切り維持することを薦めてくださいました。その時、私は、この先生は、ユニフォームな治療をされているように思えるけれど、実は患者一人ひとりの幸せを願ったヒューマンな治療をされているんだと心から感じ、私の中でも少しずつ変化が起こりました。当初は興奮と緊張が混ざった状態になった疑似や想像での反応は徐々に弱まり、良かったこと、辛かったことの書き出し、読み返し、一話についての二十単語の書き出しも、苦悩が生じなくなってきました。下総の入院治療を、地獄の苦しみと形容される方もいらっしゃるかもしれませんが、私にとっては地獄というより、生みの苦しみ、再生の苦しみであり、出産と同じで、今となっては苦しかった記憶は薄れています。下総への入院中に実刑の言い渡しがありましたが、控訴して治療を完了しました。

退院した後、社会内で全く万引きの欲求を感じないので舞い上がり、維持作業が疎かになっていたところに「百獣の王ライオンが強いのは、弱い兎を狩るときも、全力を出すからです。つまり、いつも練習しているのです」というメールが平井先生から届きました。この言葉は、私が条件反射制御法の維持を確実に行う上で、とても大きかったのです。控訴審の期間中、万引きの欲求を全く感じず、もちろん、万引きをしない生活を送っていましたが、高等裁判所で二度目の実刑が言い渡されました。受刑中、何度も挫けましたが、一度目の受刑中とは明らかに違うものでした。平井先生からときにくる数行の手紙にも支えられ続け、条件反射制御法を可能な範囲で維持させていただき、おまじない（註：制御刺激のこと）が、生きる糧になりました。今の私は、不思議なくらい、アルコールに対する欲求はありません。アルコールに関しては特に何の対処もしなかったのに、どうして、一日も欠かすことの出来なかった習慣が、必要でなくなったのだろう？　と不思議に思うほど、人が飲んでいるのを見ても、自分とは無関係です。これが不思議です。窃盗に関しても「一度目の受刑後とは全く違う」と家族が驚くほど、買い物をしていても、動きや表情が違うそうで、安心して見ていられるそうです。欲求も衝動も今のところ全くありません。ただ、過食に関しては、未だもって一進一退を繰り返しています。日々、摂食しないわけにはいかない中で、食べる行為を完全に断ち切るわけにはいかない分、執拗です。しかしながら、毎週平井先生に報告すること、制御刺激や書き出しをすることで、精神を落ち着け、自分を受け入れています。

まだまだ、道半ばではありますが、条件反射制御法に出会えなければ、自分はどうなっていただろうとも思います。根気よく付き合ってくださった弁護士先生、又、起訴中に再犯を何度も繰り返したにもかかわらず、下総精神医療センターで治療した期間を未決通算期間として認めてくださり二カ月を差し引いてくださった裁量と、私の闘いを見守り続けてくださった裁判長、下総精神医療センターで条件反射制御法と私を信じ、支え続けてくださったプライマリーナースやスタッフに感謝申し上げたい気持ちにまでしていただけました。条件反射制御法を「維持」できた自分を誇りに思うと同時に、御自身の治療に確固たる信念を持ち、私をここまで導いてくださった平井先生に感謝いたします。（2019年5月3日寄稿）

「条件反射制御法」体験者の言葉②

私は、二十数年前の高校生の頃から、万引きと摂食障害を抱えています。万引きはほぼ毎日で一日に何度も、食べ吐きもほぼ毎日で何時間もかけて、やっていました。その病気を治すために条件反射制御法の入院治療を受け、退院後の現在は維持を続けています。治療を受ける前、私の万引きは日常生活の一部となっているようなところがあり、特別な意識をしないでも自然と惰性でやってしまうような状態になっていました。何のために万引きするのかとかを特に考えてから行動するわけでもありませんし、捕まったらどうなってしまうのかなどを考える時間も余地がありませんでした。コンピュータのメモリが不足しているような状態で、それで自動運転で暴走しているような感じかと思います。

治療初期（疑似と想像）には、私は精神的にかなり揺さぶられました。疑似や想像での反応は人によって異なるらしいのですが、私の場合には快感があるという反応ではなく、気持ち悪さや苦しさというものでした。疑似も想像もやり始めの数日間は本当に苦しくて気持ち悪くて大変な思いをしながら続けました。疑似や想像では、自然とやるのではなく、一つ一つの動作や、自分の体や心の状態、周りの状況をよく意識し観察しながら取り組みました。そうすることによって、自分のやっていたことの異常さとか捕まってしまうリスクなどを思い出しました。だから、疑似や想像の治療が、かなり苦しく大変だったのかと思います。

疑似をしている最中に人の物音（看護師が通路を歩く音や、ドアを開閉する音）がするのですが、その物音を聞くだけでものすごく怖くなったのです。万引きをして捕まって連れて行かれた店舗事務所にいるような感覚になっていたのです。頭が痛くなったり呼吸が乱れたりという身体の反応も出ました。開始してから数日経つと心の反応も身体の反応も減り、次第になくなりました。疑似を約三週間（二百回程度）してから、次に想像も始めました。想像ではまた反応が出ました。想像というのは、店舗で万引きをしているシーンだけではなく、朝起きてからの行動を想像します。店舗で万引きをしているシーンを想像しているときに反応が出ると思われるかもしれませんが、私は、朝起きて家で過ごすシーンを想像するだけでも反応が出ました。ご飯を食べたり歯を磨いたり、そういうシーンを想像するだけでも反応が出たのでした。反応は、頭が痛くなったり、頭が気持ち悪くなって発狂しそう（ウワーって声を出したくなるような）になったり、吐き気がしたり、胸が苦しくなったり、というものでした。万引きという行動を、特に意識してやっていたわけではなく、生活の一部としてやっていたようなところがあったからかもしれません。言い方を変えると、日常生活の何気ないことが全て万引きともつながっていた、ということなのかもしれません。何か明確な一つの原因や動機があって万引きしていたわけではなかったので、何が原因になっているのかわかりませんし、何もかもが少しずつ関係しているのかもしれないと私は考えていました。だから、私は朝起きてからの行動や周りのモノなどについて、詳細に思い出し想像するように努めました。想像もはじめの数日間はとても苦しかったです。しかし徐々に反応は減少してそのうちなくなりました。

疑似や想像には「空振り体験を繰り返すことによって、その行動が無駄なのだと脳に刷り込ませる」という目的があるようですが、私はそれ以外の効果も感じています。疑似や想像をするとき、自分の身体や気持ちに生じた反応を自分で観察記録票というものに記録していきます。時間も手間もかかる作業なので大変なのですが、この観察と記録が私にとっては効果的だったと思っています。観察票を記入することによって、自分のことをよく観察するきっかけになったと思います。治療開始から二カ月半くらい経ってから、社会内疑似として、実際に本物の店舗に行って疑似をするようになりました。その時、万引きをしたい、という欲求が沸かないで自分の理性で自分の行動を制御できる状態になっていました。普通に堂々と外を歩けると感じられて、凄く嬉しかったです。

私は過去には万引きをすること自体に快感を感じてはいないのに、そして万引きをやめたいと思っているのに、それでも繰り返してしまいました。入院治療は万引きをしているピンポイントの状況やその日常で、自分がどのような気持ちになるのかをよく観察や分析する機会になりました。日常生活で習慣的に惰性のように続けてしまっているときには、観察も分析もできていませんでしたが、治療は精神状態や万引き行動を冷静に客観的に観察することにつながりました。単純な快楽を求めるというよりは、何も考えないでも身体が勝手に動くようなことをすることやルーティンワークをすることで精神を落ち着かせていたのかもしれないと思います。また、勢いや習慣で動いていたときとは違って、一回一回をよく考えて行動することによって、万引きをすることで得られることや失うこと（物質的、精神的、短期的、長期的などいろいろな面で）が何かなどを今まで以上に深く繰り返し考えることになりました。その結果、万引きはしない、したくない、できない、という感じになっています。疑似や想像をしたときの反応を、自分自身で丁寧に感じながらやることが大切だと思いました。概して反応は低下していきましたが、治療や入院中の生活で少し変化があると、反応も変化することがありました。反応が薄れたり、逆に強くなったり、違う反応が出たりします。変化が出ても問題がないのかどうか、自分では判断がつかないので、私は平井先生に報告したり相談したりしました。退院後は冷静に考えて行動できるようになっています。「普通」に買い物ができるようになったと思います。それがとても嬉しいです。惰性で何となく行動するのではなく、一つ一つの動作の間に思考を挟めるような感じになって、「何となく万引きしてしまっていた」ということがありません。

維持は退院数日前から始め、退院後も継続しています。脳の信号系を「健全に保つ」ために欠かせないのだろうという認識でいます。入院治療で一時的に状態が改善しても、生活習慣や日常が変わっていなければ、身体や心もまた元の状態（悪い状態）に戻るということだと思います。うがいや手洗い、歯磨きや洗面、入浴などと同じようなレベルで続けていきたいと思います。今は退院をして社会内で維持作業をしながら、入院前の万引きに関して裁判を受けている最中です。以前に万引きをしていた店の近くを通ると、万引きしていたときのことを思い出します。欲求が沸くわけではありません。あの店でああいうふうにやっていたのだな、と思い出すのです。そして、その行動の異常さに恐ろしくなったり、もうあんなこと怖くてできないと思ったりしているところです。

治療前には、少しでも興味があるようなものを手当たり次第に万引きしているような状態でしたが、今では普通に必要なものを〝選んで〟買い物をすることができています。やりたいという欲求はありません。客観的に観察して今の状況ならできる、当時の自分はこういう状況でやっていた、と思い出すことはあります。そういう色んなことを考える余地が頭に蘇ってきたようなことを感じました。以前は店を出るまでとか、店員に捕まってから初めて我に返るような感じでした。それが今では、いろいろな行動をしながら、冷静に自分の行動や精神状態を観察できるようになっている気がしています。良いことや辛いことなど、いろいろなこと（刺激）と接して、そのときに自分が何を感じるのか（嬉しい、悲しい、辛い、イライラする等）、身体にどのような反応が出るのか（頭が痛い、息が苦しい、胸が苦しい、汗が出る等）ということをよく観察しながら治療に取り組むと良いのだろうと思います。（２０１９年5月15日寄稿）

ストーカーに対応する条件反射制御法
平井愼二医師の論文

Ⅰ．ストーカー行為の成立と発現メカニズム

ストーカー行為は次の1）〜4）の要素が絡まって成立し、生じる。

1）ストーカー行為を司る反射連鎖の成立

①生殖本能を司る反射連鎖の過作動による行為

ヒトは生殖本能をもつ。この本能は、万人において、親から受け継いだ遺伝子に組み込まれており、成熟すれば、主には異性に接近し、生殖する行動を生じる性質である。従って、いずれかの異性を対象にして接近する行動が生じるのは自然である。また、多くの社会においては、ヒトは選択の後には同一の異性を標的

にして接近し、その者の同意を得て、性行為を行うことが求められている。それに従い、特定の異性との性行為の反復、あるいは特定の異性と性行為をすることを想像しながらの自慰の反復などはなされるものである。この反復により、本能行動の基となる先天的な反射に後天的な反射が加わり、その行動を円滑に強い作動性をもって司る反射連鎖が成立し、強化される。成立した反射連鎖の作動性が、第二信号系によっても止められないほどに高まった状態が、ストーカー行為が生じる状態である。つまり、ストーカーの多くは、特定の異性に接近し、性行為をする自然で健常な行動の延長上にある現象が激しく生じるようになったヒトである。

②他の反射連鎖の過作動による行為

ストーカー行為は男女間だけでなく、親子間あるいは知人や職場の同僚等に対しても生じる。また、生じる行動はストーカー行為をややはずれた嫌がらせともとれる加害行動の反復にも至る。親子間のストーカー行為あるいはその周辺行為は、対象者を自分の思いどおりに操ったとき、第二信号系が目標の達成を把握し、生理的報酬が生じることにより成立すると考えるべきである。対象者を思い通りに操る行動を司る反射連鎖が定着し、作動を反復するのである。その作動に対して対象者の抵抗があれば、その事象は反射連鎖の作動と摩擦し苦悩として感じられ、あるいは怒りとなり、攻撃的な行動等に至る。知人や職場の同僚に対しては、対象の行動で自分が損失を被ったと判断し、これに対して密かに損害を与えることあるいは理不尽な要求をして困らせることがある。その目標の達成により、生理的報酬が生じる。従って、そのような行動を当初は計画的に行うが、後には、第一信号系の作用が根底にあり、様々な軽微な事象を刺激にして、対象者に要求や損害を与えることを反復するようになる。

2）反射連鎖作動の低い閾値

第一信号系は動物種の生きる行動を司り、再現して、進化を支えてきたシステムである。従って、個体にかかるストレスは個体を死に向かわせる刺激であり、第一信号系には対応する反応が生じ、過去に生きることに成功した行動を促進する活動性が高まる。つまり、ストレスがかかれば第一信号系のいずれかの反射連鎖が作動する。従って、幼少期をストレスの多い過酷な環境で過ごせば、ストレスに対して第一信号系が反応することが反復されるのであり、その結果、ストレスに対して閾値が低く、容易に反応する第一信号系をもったヒトになりやすい。そのようなヒトには本能行動の過作動が生じやすく、一部はストーカー行為を行うヒトになる。あるいは逆に、幼少期に自分の要求が簡単に周囲の者により実現されてきたヒトは、そのようなパターンが第一信号系に組み込まれているようである。

恋愛において対象が自分の思い通りに反応しないときには、第一信号系の司る行動と現実を把握する第二信号系の司る行動の差異がなかなか解消しないことが起こり、ストーカー行為に至ったと考えられる者も一部にいるこの項に示した第一信号系の過敏性は人格障害という診断を受けることが多く、しかし、その診断が示す状態が生後の体験によるものであることが少なくないと著者はこれまでの臨床の経験から感じている。その診断が示す状態は、環境との関係性において成立した特性であることから、後に示す過去の体験の書き出しと読み返しで効果的に対応できる。

3) ストーカー行為の対象となる者の言動

魅力的な言動は、第一信号系が作動を開始する閾値が低下しているヒトを刺激し、生殖本能を作動させやすい。企業の受付担当職員が、あるいは医療現場の看護師が訓練を受けて熟練したときには、爽やかあるいは優しい言動で他者に対応する。それらが刺激になるのである。同様に、様々な媒体でかわいさや美しさ、たくましさを見せるアイドルやスターも、生殖反応を生じさせる刺激を多く出している。ここまで示した通常行為でさえストーカー行為を受ける原因になるので、その可能性がより高いのは、性的あるいは類似のサービスをする職種の者であろう。また、交際中の相手による翻意は、健常なヒトにとっても受け入れがたいものである。そのようなことが、第一信号系が過剰に作動するヒトに対して生じれば、相手に接近して性交する反射連鎖は強固に作動し続けるので、相手が自分を回避しているという理解を第二信号系がもっても、第一信号系は作動をやめ難く、二つの信号系の間には摩擦が生じる。この摩擦を主体は苦悩として感じ、相手への接近欲求となり、殺意にまで至ることがある。著者が臨床で対応したストーカーの被害者は、全く責任のない者だけでなく、被害を受けることが自然であると思える行動をした者もみられる。ストーカーの被害者にならないための努力は一定の効果があるが、必ず成功するものではない。

4）他の疾患の影響

健常に生まれた者も、ここまで記した要素が絡まり、ストーカーになる。その状態に該当する診断はＩＣＤ－10ならば、他の習慣および衝動の障害（Ｆ63・8）である。一方で、他の精神疾患が強く影響してストーカーになるヒトもいる。著者が臨床で経験した中では、発達障害があり、注意が対象者から離れがたい状態になりストーカー行為をした患者、あるいは妄想に基づきストーカー行為をした者が散見された。

Ⅱ．ストーカーの各信号系への働きかけ

ストーカー行為の発現にも第一信号系と第二信号系が関与しているので、必ず両方の信号系に働きかけるべきである。

1．第一信号系への働きかけ

妄想がストーカー行為の原因であれば、衝動の問題ではなく、抗精神病薬で対応するべきである。しかし、生育歴および対象者との関係、発達障害により衝動

の制御が不良となってストーカー行為が生じていれば、対象者を追う反射を制御するために条件反射制御法を用いるべきである。著者の部門では、まずは入院してもらい、条件反射制御法を中心としたプログラムで対応する。ストーカーに対する条件反射制御法を次の1）～4）のステージを挙げて解説する。

1）制御刺激設定ステージ

このステージでは、ストーカー行為を司る反射連鎖を中断する制御刺激を計画的に成長させることが主な作業である。後にストーカー行為を司る反射連鎖が作動することがあっても、制御刺激を作動させれば、その反射連鎖の作動を中断できる。また、過去の良かったことを、まずは簡単に、いつ、どこで、誰とのことかを明確にして、数行内で100話書き出し、その後、詳細に1話を800～1200字に書き広げる作業を、100話全てについて行う。患者はまずは自分のストーカー行為に対して例えば次のような言葉を一つ作る。①私は今、〇〇を責めない、怒らない、大丈夫。②私は今、〇〇に会えない、連絡できない、大丈夫。③私は今、〇〇を追えない、殺せない、大丈夫。また、作った言葉と同時に行う動作を作る。例えば、胸に手を当て、離して親指が外の拳を作り、その後、親指が中の拳を作る等の他者には目立たないが、自分には特殊で簡単な動作にする。言葉と動作で構成したおまじないのような刺激（以後、おまじないと表す）を、一度、行えば、次のおまじないを行うまで20分以上、間隔をあける。1日に20回程度を目途にして、このステージでは２００回以上、反復する。おまじないは第二信号系によりなされ、対象者を意識し、ストーカー行為に関する刺激が入るので、その行動を司る反射連鎖は作動を開始する。しかし、閉鎖病棟であるので、反射連鎖が作動しても行動は必ず失敗し、生理的報酬は生じないので、おまじないの後のストーカー行為を司る反射連鎖は作動性を弱める。この作業の反復によリ、おまじないは、後には、仮に問題行動を司る反射連鎖が作動しても、それを数秒でとめる制御刺激に成長する。また、おまじないはいろいろな場所で開眼して行い、視覚刺激を受けて、その後、生理的報酬はないことを反復する。従って、視認した刺激がストーカー行為をとめる反応を生じる刺激に変化する方向に進み、その作業をした空間が精神を安定させるものになる。さらに、おまじないを反復するステージでは、良かった事の体験を書き出すので、おまじないと良かったことを思い出す神経活動が結びつき、おまじないが安定した精神状態を開始させる効果を高める。この作業の開始時には、おまじないの中に入った対象者の名前を言うだけで、胸が苦しくなり、殺意を覚える患者がいるが、徐々にそのような反応は弱くなり、おまじないは成長して効果的な制御刺激になる。

2）疑似ステージ

このステージではストーカー行為で行った行動を真似して、ストーカー行為を司る反射連鎖を強く刺激して作動させ、しかし、真似なので、生理的報酬は必ず生じないことを反復するものである。進化のシステムに従い、ストーカー行為を司る反射連鎖は弱まる。また、過去の辛かったことを、まずは簡単に、いつ、どこで、誰とのことかを明確にして、数行内で100話書き出し、その後、詳細に1話を800~1200字に書き広げる作業を、100話全てについて行う。

ストーカー行為の疑似としては、例えば、電源の入らない携帯電話でストーカー行為の対象者に電話をする動作、あるいはメッセージを送る動作、あるいは手紙を簡単に書くことを再現する。このステージでは、疑似は1日に20回程度を行う。また、制御刺激も頻度を下げて1日に5回程度行い、効果を保ち、さらに、強化する。制御刺激をした後は疑似をするまでは20分以上時間をあけることを鉄則にしている。制御刺激の後は平安な精神状態を保つためである。このステージでは前記したストーカー行為の疑似を200回は行う。このステージの当初は、ストーカー行為の一部の疑似をしたときには、患者には行動を構成する要素である自律神経、気分、動作の全ての領域で激しい反応が生じることが多い。動悸や高揚感、苦悩が生じ、携帯電話の何もないはずの画面に操作に反応するアプリケーションの作動が見え、対象者に接近したいと感じる。疑似により反射を作動させ反応が生じることを反復していると、徐々にそれらの反応は生じなくなる。つまり、ストーカー行為を司る反射連鎖の作動性が低減する。このステージで過去の辛かったことを書き出すことは、ストレスを与えて第一信号系の作動性を高め、従って、疑似での反応を強くし、しかし、生理的報酬がないことを反復することから、作動性を低減させる効果を高めることを狙ったものである。この疑似ステージの当初に、最も頻回に辿ったパターンでストーカー行為を行った日のことについて、起床したときからストーカー行為を行ったときのことまでを時間を追って、作文用紙10枚から30枚に書き出しておく。これは後に利用する。

3）想像ステージ

このステージの主な作業は、ストーカー行為を行った1日について、起床したときからストーカー行為を行ったときのことまでを時間を追って、閉眼して詳細に思い出す作業を反復するものである。思い出す対象の日は特定の1日に限らず、毎回、変更し、いろいろな日のことを思い出すことでさまざまな刺激を網羅できる。ストーカー行為を司る反射連鎖を想像によって作動させ、必ず生理的報酬を生じさせず、その反射連鎖の作動性を弱めるものである。各作業の回数はこのステージでは、想像は1日に20回を目指し、疑似は1日に2回程度、制御刺激は1日に5回程度行う。制御刺激をした後は疑似や想像をするまでは20分以上、時間をあけることが鉄則である。想像は疑似より広い空間およびより長い行動を思い起こす作業であるので、ストーカー行為を司る反射連鎖に入力される刺激はより多い。従って、この想像ステージに移るまでには疑似ステージの疑似における反応はかなりの程度に低減しているが、想像ステージの当初の想像では再び、激しく反応が生じる。当初の想像では、自分がストーカー行為をした日の行動が鮮明な映像や音声とともに夢を見るように患者の脳内で再現され、自律神経にも気分にも強い反応が生じる。しかし、この想像を反復すると、反応は徐々に低減し、微弱になる、あるいは、なくなる。

4) 維持ステージ

このステージはここまで行った作業を、頻度を減らして、一生あるいは少なくとも数年以上、続けるステージである。1日の頻度は、制御刺激は5回程度、疑似は2回程度、想像は2回程度である。また、疑似ステージの開始時に記したストーキングの描写文を、1週間に一度、読む。これも疑似や想像と同様に、刺激を第一信号系に入れる作業である。制御刺激をした後は疑似や想像、描写文の読み返しをするまでは20分以上、時間をあけることが鉄則である。想像ステージの最後には、多くの患者は交際を再開したい欲求、追いつめたい欲求、殺したい欲求がなくなる。そこで治療作業をやめてしまうと、再び、前記の欲求が再現することがある。なぜならば、一時期、生理的報酬を反復して獲得した反射連鎖は、一旦、抑制しても、放置すれば、再び作動性を回復する性質があるからである。

制御刺激設定ステージと疑似ステージで書き出した良かったことおよび辛かったことは、退院後も毎日、1話読み終えた後、その話の中に出てきた人、者、声、音を単語で20個書き出す作業を、それぞれ2話程度行う。これは、過去の辛かった体験を再現し、しかし、生理的報酬が生じないことを反復する作業を含むものである。これにより、第一信号系の高い作動性に対して、過去に激しく第一信号系が作動したときの刺激を与え、作動させ、しかし、必ず生理的報酬がないことを反復する。従って、第一信号系は作動性を徐々に弱め、入院前には過敏に反応した刺激を受けても、この作業をした後は穏やかな精神が保たれるようになり、ストーカー行為を生じさせる第一信号系の過作動は健常なヒトと同様のものに低減する。

2．第二信号系への働きかけ

ストーカーの中には対象者に交際を拒否され、その後、自分の第二信号系で考え、家族や友人から注意を受けて、ストーキングをやめられない者でも、ストーカーの対応になれた専門家が関わり、考えを整理すれば、やめられる者も少なくない。しかし、その後も、その行為を続ける者がいる。そのような者の第二信号系に効果をもつ可能性があるのは、ストーカー行為をすれば逮捕し、刑罰を与える準備があるという警告や接近禁止の命令である。本人に有無を言わさず、刑事司法体系により実施される対応は強力な効果をもつので、その対応を受けもつ警察はその実施に躊躇があってはならない。可能な手続きを確実に進めていかなければ、効果を発揮する可能性はない。

Ⅲ．ストーカーを治療する必要性と体制改善の焦点

ストーカーは殺人事件を起こしたことで、そのような逸脱した一群がいることが広く知られ、恐れられている。準備するべき対応は捕まえて、罰することだと思われているようである。しかし、対策がそのようなもののみであれば、初犯の

予防も一旦刑事司法体系が関わった者に対する再犯の予防も効果の不良なものになる。刑罰は第二信号系に働きかけるが、多くのストーカー行為は第一信号系が過作動を起こしていることが原因である。第二信号系による抑制も重要であるが、第一信号系への働きかけは不可欠である。第一信号系への働きかけを実現するためには各領域は次のような態勢をもたねばならない。

1. 精神科医療の態勢について

ストーカーの多くがもつ病態は、その行為はしてはならないことであり、刑罰の対象となるという事理弁識能力はあるが、それに従っての行動制御能力が障害されているものであり、精神疾患である。そのような病態にある者の一部は、刑罰や他の悪い結果を回避するために自分で治療を求めて精神科医療や心理療法に結び付く。他方には、悪いことであると知りながらストーカー行為を行い、周囲の者により気づかれ、指導を受けるがその行動をやめられない者がいる。著者はこれまで20例近くのストーカーに対応してきた。その経験からストーカーは条件反射制御法に良好に反応すると把握している。また、ストーカーの多くにおいて、生活能力を養う時間が、覚醒剤やアルコール等の物質の摂取行動や影響された状態により障害されておらず、就労能力等が保たれていることが多い印象がある。従って、精神科医療による条件反射制御法を用いた対応が普及すれば、特定の対象への接近欲求で苦しむストーカーの精神状態の改善、並びにストーカー行為の標的となった者が受ける被害の防止に容易に効果を上げられる。また、激しく行動化するストーカーは、自分に治療が必要であると判断せず、治療を受け入れないこともある。そのようなストーカーには、医療保護入院や措置入院を用いてでも、治療を提供するべきである。

2．刑事司法の態勢について

ストーカーの行動化には警察職員が関与することが多く、警察は事の重大さによりさまざまな対応をする。警察職員がストーカーを精神科医療や心理療法に結びつける体制を整える検討も進みつつあると聞くが、十分な体制になっているとは感じられない。なぜならば、これまでの著者の経験では、精神保健福祉法第23条に基づく警察官通報や同法24条検察官通報によりストーキングを理由に著者の病院に移送されたことはないと把握している。現行法においても警察と検察が積極的に精神保健福祉法を利用する態勢をもつことは可能であり、そうすれば、ストーカーによる殺人事件等は著しく減少するであろう。また、検察によりストーカーが起訴され、裁判で有罪となった場合は刑罰が第二信号系に働きかける。ところが第一信号系は放置されているので、刑罰を受けたストーカーが、再び、ストーカー行為を行う可能性は十分に残されている。従って、裁判においてストーカー行為の原因となった行動制御能力の障害には、治療を提供する制度を構築しなければならない。

おわりに

ストーカーは標的となった者の生活を壊し、生命までを奪うことがある。その者達の行為は、精神疾患に基づくものであり、その病態をもつ者が目前に表れれば、条件反射制御法を用いて効果を上げられること、並びに、逆に、目前に来てもらう方策が乏しいことを把握した。また、どのように制度が変わるべきか構想した。それらをさまざまな機会に報告していく。（平井愼二：ストーカーに対する条件反射制御法　シリーズ　反復する行動（Ⅱ－7）医療の広場　59（2）：4－10、2019年2月10日より抜粋）

【著者プロフィール】

小早川明子　Akiko Kobayakawa

カウンセラー。NPO 法人「ヒューマニティ」理事長。

1959 年、愛知県生まれ。中央大学文学部卒業。

東京ヒューマニックス研究所にて「ゲシュタルト・セラピスト養成コース」修了後、会社勤務を経て独立。

1999 年、会社経営時にストーカー被害に遭ったことを契機に、ストーカー問題、DV など、あらゆるハラスメントに対処する活動を開始。

以来、680 人を超えるストーカーと向き合い、カウンセリングを行い、下総精神医療センターと提携し治療に結びつけるなど、特定の他者への固着した関心から発生するストーカー犯罪の防止に大きな成果を上げている。

主な著書に『ストーカー　「普通の人」がなぜ豹変するのか』（中公新書ラクレ)、『「ストーカー」は何を考えているか』（新潮新書）などがある。


【監修者プロフィール】

平井愼二　Shinji Hirai

精神科医師。独立行政法人国立病院機構下総精神医療センター所属。条件反射制御法学会理事長。

1985 年徳島大学医学部卒業。昭和大学病院での研修を経て、1989 年から下総精神医療センターで物質使用障害に専門的に対応し始めた。1995 年からは 2 年間、ロンドン大学セントジョージ病院嗜癖行動学科へ出張。1999 年に薬物乱用対策における取締処分側と援助側の∞連携を構想。2006 年に条件反射制御法を開発。この技法により対応の幅を、物質使用障害に限らず、病的窃盗、性嗜好障害など、反復する逸脱行動に広げた。2012 年に条件反射制御法研究会（学会の前身）を発足させた。

ヒトの行動メカニズムが正しく理解され、それに基づいて精神科領域の技法が整理され、司法制度に変革があるべきだとして、活動している。

ブックデザイン／山田知子（chichols）
装画・本文イラスト／中尾悠
DTP ／山口良二

やめたいのにやめられない 悪い習慣をやめる技術

2020 年 7 月 23 日　　初版発行

著　者　小早川明子
監修者　平井愼二
発行者　太田　宏
発行所　フォレスト出版株式会社
〒 162-0824 東京都新宿区揚場町 2-18　白宝ビル 5F
電話　03 - 5229 - 5750（営業）
03 - 5229 - 5757（編集）
URL　http://www.forestpub.co.jp

印刷・製本　中央精版印刷株式会社

ISBN978-4-86680-078-3　Printed in Japan

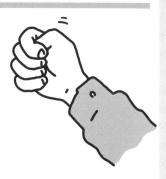